한 남자와 세 여자

한 남자와 세 여자

하지연 시집

신아출판사

■ 시를 쓰면서

그리운 사람을 위하여 까치밥을 남겨둔다

감나무 그는 또 그렇게 가을을 보낸다

2013년 가을 문지방을 넘으면서

■ 차례

1부
시 한 편

한 남자와 세 여자

2부

울 엄마와 장모님

3부
아내와 나

1부

시 한 편

한 잔의 술이 주는 시그널

눈이 내린다 길 위에 쓸쓸히 눕는 눈을
또 다른 눈이 내려와 덮어 준다
불콰하게 취한 네온 불빛 아래에서
술잔을 앞에 두고 눈을 감는다
오랜 책갈피 속 꽃잎이 눈을 뜬 것처럼
한동안 귀를 열어두어도
눈 발자국 소리는 들리지 않는다
톡 쏘며 감겨드는 술 향
나는 몰랐다
입안을 아리게 하는, 그 알딸딸한 맛이
기다림이란 것을
목을 타고 내려가는 액체가
가슴 한복판에서 폭탄 터지듯 쏴하고
온몸의 실핏줄을 향해 달려갈 때
그 짜릿함이 그리움인 줄 몰랐다
누군가를 위하여 먼저
바닥에 몸을 눕히는 것이 기다림인 것을
그 위에 새록새록 덮여가는 것이
그리움인 것을 나는 몰랐다
또 한 잔의 술이 바닥에 눕는다
그 위에 덧없는 네가 또 얼굴을 포갠다

지렁이 꿈틀체

비 개인 땅 위에 지렁이들이 글을 쓴다

누구에게 보낼 소식이 있어서
몸을 길게 늘이고 줄이며
온몸으로 편지를 쓰고 있는 걸까

구름 사이로 여우햇빛 반짝이자
한 자라도 더 쓰려고
그들은 스스로 몸을 내던진다
그러나 쓰던 글 다 끝내지도 못하고
제 몸의 잉크가 떨어져 생을 놓고 마는

나는 쪼그리고 앉아 그들이 남기고 간 글을 읽는다
입으로 깨우친 어머니의 한글
나, 군에 있을 때 보내온 어머니의 지렁이 꿈틀체
다시는 못 볼 줄 알았는데

–자믄 자알자냐
바은 마니 뭉냐
겅강혀라–

질경이

할머니가 그러했고 내 어머니가 그랬지만
어떤 모진 목숨도
결국 허공에 뿌려지고 마는 한 줌 꽃 이파리인걸

짓밟히고 또 허리가 꺾여도
한 가닥 푸른 심줄만 남아 있으면
다시 고개 쳐들고 일어서는
그 억척스러움에 시멘트 바닥이 길을 터준다

무엇이 그토록 질긴 생명의 동아줄을 꼬게 만들었는가
그렇게 모질게 산다고
지나가는 동네 통장도 영세민 카드 한 장
만들어 주지 않는데

골목 시멘트 좁은 틈새에서
하루에도 수십 번 더 무너지고 싶은
억척 아지매
살아온 세월이 대견스러운지
여름 낮 햇살 하나 뽑아 허리에 두른다

가을밤의 데생

cafe, 베아트리체
피어나는 에스프레소 커피 향
gloomy하고 melancholy한 음표들,
조명도 아슴하다

창밖에
내리는 빗줄기의 리듬을 따라가는
탁자 위, 손가락의 행보가
자꾸 엇갈린다

턱을 받치며 추켜올린 안경 너머로
누군가를 기다리다 늙어버린
흰색 벤치가
작은 뜰의 불빛 속에서 흔들린다

먹먹한 귓속으로
저벅저벅, 멀어져가는 발자국 소리
누구일까
바람에 갈지자 휘갈겨 써 내려가는
단풍잎 같은 나는

버릴 수 없는 풍경

꽃 화분들로 점령당해버린 베란다
한쪽 구석진 자리에
햇볕을 쬐고 있는 대나무 소쿠리

낡고 해져 버려질 만도 한데
햇빛이 가득 담긴 그 작은 대소쿠리 안엔
고추밭이 있고 콩밭이 있고
깨밭이 있다

가을엔 고추며 콩이며 소쿠리에 가득 담아
그것들을 조만치 조만치 자식 손에 쥐어 주던
엄니의 생

지금은 어느 낯선 들녘에서 바람이 되었을까
소쿠리는 밤마다 엄니를 닮으려고
대나무 마디마디 하나씩 풀어내는데

화분에 물 줄 때마다
마주치는 너를 보며
어찌할까, 어찌할까
하늘 한 번 쳐다보고 너 한 번 바라본다

겨울 수도승

어둠 속에서 떨어지는 수돗물
하나 둘 셋 넷
소리를 세며 따라가다가
어느 순간부터인가 톰방거리는 물소리가
목탁소리로 들리기 시작한다

귀를 바짝 세우며 마음이 저절로
아미타불
아마타불
경을 읽어간다

어둠의 긴 터널을 빠져나온 수돗물
얼지 않으려고 수도꼭지에 매달려
똑,
똑,
똑!
길고 긴 겨울밤 홀로
물동이 가득 붓다의 마음을 풀어놓는다

눈물을 써는 여자

잔금이 늘어만 가는 도마 위에서
설렁탕에 들어갈 대파를
그녀는 신들린 듯 어슷어슷 썰어 제낀다

오직 내려치는 칼등과
동강나는 초록의 몸뚱이만 바라보는
저 숙달된 무심
칼날을 등으로 받아내는 도마의 비명마저 잊었다

아집과 오기로 겹겹이 뭉친 그들도
순순히 제 몸을 내어주지는 않는다
그들의 마지막 자존심인 매운 성깔로
날마다 그녀의 눈물을 빼앗아갔던 것이다

아침마다 눈물에 칼질을 해대는 그녀
어느 죽음 앞에서도 흘릴 눈물이 없었다
붉어진 눈만 크게 치켜뜨고
친정어미의 죽음 앞에서도 결코 눈물을 보이지 않던,
다만 곡비처럼 대파와 도마의 울음을 대신 울어줄
뿐이었다

세월을 낚다

열세 살에 아비를 잃었고
아내와 함께 묻지 마 서울로 창신동 달동네에
몸을 풀었다
이발사 자격증 땄던 날 밤 막걸리 파티에서 울었다

첫 출근 이발소에서부터 쫓겨 다니길 수십 번
화장실에서 손 헐도록 연습
이십팔 년 육 개월여
소공동 가위손이라 했다

카메라 앞에서 장인의 모습은 없고
쑥스러워하는
사십 년 전 그
세월을 낚는 늙은 아이

그림자 로드킬

그 많은 차바퀴들이
무참한 속력으로 짓밟고 지나갔나 싶었지만
스턴트맨처럼 나무 그림자들은
털끝 하나 다치지 않고 말짱했다
달려온 차가 몸을 덮치려는 순간
그들은
찰나의 시간을 타고 차 지붕 위로 몸을 굴리는 것
이었다
그것은 누구도 눈치 챌 수 없으며
운전자만이
차 앞 유리에 뭔가 스쳐갔다고 느낄 뿐,
그들은 서두르거나 두려워하지 않는다
다만 무심지경으로 그 곡예를 되풀이하며
그 순간에도
키를 높여가고 몸집을 불려갈 뿐이었다
문명의 제단 위에서 쉼 없이 제물이 되어가는
고라니, 고양이, 맹꽁이 우리 멍멍이……
아! 아! 너희들
길을 가로지르며 누워 있는 가로수의 그림자들처럼
미친 듯이 달리는 삶의 등짝 위로
사뿐히 올라설 수 없느냐?

도박 예찬

죽순처럼 불쑥불쑥 솟구치는 욕망

콧구멍에서 씩씩대며 뿜어내는

권세의 뜨거운 수증기도 어떤 이는

모태 불에 날리는 한 줌 재라 하지만

나는 모른다

저 눈[雪]이 사라지는 날

그 위에 찍혀 있던 수많은 흔적들이

함께 사라진다해도

들끓어오르는 검은 피와

정글을 호령하는 사자의 혓바닥을 위하여

나는 심장에 고인 판돈을 모두 건다

변두리에 관하여

수돗가에 자리를 잡고 오랜 세월 살아온
커다란 고무함박
봄엔 이불 빨래 통이 되고
여름이면 아이들 목간통이 되어 주더니
해가 갈수록 심해지는 햇빛과 바람의 성화에
테두리 한쪽이 떨어져나갔다
물을 안고 있을 땐 허리 꼿꼿하여 쓸만하다 하였는데
물을 버릴 땐 뿌직 척추가 접혀지며
제대로 땅을 딛고 일어서지도 못한다
테두리 한쪽이 떨어져나갔다고
전동 휠체어를 탄 동사무소 아가씨처럼
앉은뱅이가 되어버리다니
그 하찮은 작은 것 하나가
고무함박 전체를 고정시키고 버티게 하였단 말인가
매무새와 때깔만 보고 통을 고르느라
테두리의 튼튼함은 눈여겨보지도 않았는데
그 작고 보잘 것 없는 것이
둥근 세상을 지켜주는 힘일 줄이야

망가진 고무함박이 물을 가득 담고 있다

초병은 살아있다

1970년대 초, 보이는 거라곤
하늘 한 평, 땅 한 평뿐인 강원도 양구 땅
그 오지에서 첫 휴가 나오던 날
서울, 청량리
지붕 낮은 여인숙에서 하룻밤을 불러들였다
초병의 생명은 적의 침투를 감시하여
내 부모 형제의 단잠을 도모하는 것,
셰퍼드처럼 귀를 바짝 치켜세우고
촉광 높은 전등이 되어 어둠 속을 노려보아야 한다
내일 저녁 무렵이면 어머니
버선발로 사립문을 내달리시겠지
울밑에 선 봉선화도 한창일 거야
엎치락뒤치락 방바닥과 힘 겨루다
겨우 새우잠을 청하는데
어디선가 나뭇잎 바스락거리는 소리,
몸의 모든 감각이 귀 끝에서 멈춰 섰다
쿵쿵 땅이 울리고 가느다란 앓는 소리
간혹 숨넘어가는 소리
코맹맹이 소리
또 북한인민이 월남하다 심한 부상을 입었나 보다

이 한 몸 바쳐 이 나라를 지켜낼 수만 있다면
한 초병의 결의가 밤새 뜬눈이었다

파도, 바다를 드러내다

아내의 손끝에 줄줄이 끌려 나온 생선 내장처럼
세상에 일어나는 모든 일들이
밝은 대낮에 통째로 까발려진다면
세상사는 재미 없으리

독아지 속에 숨기고 허청에 감추어둔
쌔꼬롬하고 콧속을 확 쏘아대는 홍어처럼
가끔은 삶도
실실 곰삭은 내를 풍겨야 한다

그래야 말 만들기 좋아하는 글쟁이들이
뼈대에 덧살을 붙이고 고추장에 버무려
새콤한 홍어회를 만들어낼 테니까

식탁에 앉아
잘게 잘려진 홍어 뼈를 바라보며
저 뼈를 품어 안았을
파도의 속살을 생각해 본다

바람 난 봉선화

남원골 성춘향
삼복염천三伏炎天에
이마에 맺힌 땀방울로 한 땀 한 땀
마음의 십자수를 뜨건만

한양의 이몽룡,
먹물 먹은 붓 뉘어 놓고
어느 산그늘
어느 강바람 앞에서
웃통 벗어젖히고 욜랑거리고 계실 거나

혹은 어느 호텔 라운지에서
적색 와인에 취해,
낯선 꽃들 앞에서 육박자로
인생을 흔들어대실까

번 사또표 선풍기 바람 앞에서 흔들리는 일편단심
밤길 몇 번 더듬더니
8월, 그 하루 무덥던 날
부끄럼도 없이 툭툭 까만 씨를 뱉어낸다

모자에 대하여

통기타의 리듬에 젊음을 실어 보내며
꿈을 키워주던 검정 학생모

정상으로 내달리며
피가 끓어오르던 등산모

마라톤 풀코스를 완주한 기쁨에
가슴 뿌듯했던 중절모

이제 내다보니
세상과 작별 인사를 나눌 삼베 두건이
놀 바람에 빳빳하게 각을 세우고 있다

청자 상감매죽학문 매병*

원고지에 잉크 자국으로
말라버린 첫사랑

두근두근 아카시아 꽃 지고
두런두런 들국화 피는 그 강에
가고 싶다

하나인가 하다가 둘이 되고
둘인가 했더니 하나가 되어버린
청잣빛

나도 그 푸른 빛 속에서 저 학처럼
하늘을 날아오를 수 있을까
길게 울음 한번 울어볼 수 있을까

* 보물 제903호, 보물 제1168호

죽산 포구

생선 비린내는 오래전에 떠나버렸다

새벽마다 만선의 꿈
어부들의 함성 사라지고
물비늘 쪼아대던 갈매기들
구름 위로 몸을 숨기면

낯선 바람이
훑고 가는 빈 포구에
하루 설거지를 마친 노을이
갯바람에 손을 말린다

개펄에 누워
등대불빛을 기다리는
늙은 고깃배
신도시 세우는 망치 소리 귀에 못을 박는다

가을 속의 가을

달빛 아래
머리가 허옇게 세어버린
갈꽃들

여름 숲이 좌판을 접고
풀섶들도 등을 누이면
그 속에서 살아가던
옹달샘 같은 목숨들 숨을 멈추거나 어디론가 떠나야 한다

지는 꽃잎은 강을 따라 흐르고
풀벌레들의 울음소리 어둠 속에 스러지고
계절은 황금빛 가면을 쓰고 찾아왔다가
차가운 웃음으로 지나갈 뿐인데

가난한 단풍잎 뒤에 숨어
새들이 제 울음을 질겅질겅 씹고 있다
노숙자처럼

봄의 언약

나무 그늘 속으로
또 하나의 나뭇잎 그림자가
흔들흔들 걸어 들어간다

바람이 스칠 적마다
하나가 되었다가
슬쩍슬쩍 어긋나는 그림자

짧아서 더 황홀한
꽃 터지는 소리
뜨거운 입김 내뿜으며
함께 가을까지 가자고

이불 속에서 살 맞대며
마음을 겹치며
가려운 등에 서로 손이 되어 주겠다고

기다림

제 그림자 말뚝에 걸어 놓은
소 한 마리 길게 목 빼고 서 있다

함께 밭일 나간 아버지
농주에 취해
비틀걸음으로 집에 간 지 오래인데

저문 하늘에 깔리는 긴 울음으로
이제나
저제나
눈만 끔벅끔벅

봄밤 별빛이
이슬을 맞고 있는
그의 넓은 등을 말없이 닦아주고 있다

어느 놋그릇의 추억

처음 태어날 때 솟구쳤던 빛,
그 아름다운 황금빛
시절이 내게도 있긴 있었는데
그릇 가득 밥을 채우고 또 비워내며
나의 세월은 짙푸른 녹으로 야위어갔네

언제부터인가 내가 놀던 상 위에는
플라스틱 나부랭이들의 잔치판이 되어버렸고
나는 시렁 한쪽 귀퉁이에서
멀뚱멀뚱 구경꾼이 되었네

내 유년의 우물가에서
할머니는 할아버지의 질긴 명줄을 닦고
어머니는 지아비의 인색한 사랑을 닦고
그들의 손끝에서 다시 살아나는 광光
그 빛이 그녀들의 삶이었는데

아무리 다림질을 해도
질곡을 건너온 주름살 하나 펴지 못한 나는
스스로 제 손에 불을 지필 수 없는
잃어버린 세월 속에 유폐된 가난한 황제

다만, 상사화 이야기

술잔을 옆에 둔 남녀
웃음이 파도를 타고 있다

취한 듯 붉어진 얼굴 서로 바라보며
한 남자가 펼쳐내는 삼국지 같은 삶과
한 여인의 구절양장
그들은 서서히 하나가 되어 가고 있다

부딪치는 술잔
마주보는 웃음 뒤에는
한 여인, 한 남자를 여읜 아픔이
심해에 켜켜이 가라앉는 중이다

색안경을 벗고 보면 어긋난 사랑도 때로는
얼마든지 행복한 꽃을 피울 수 있다고
선운사 상사화 넘치도록 가득 피었다

줄장미

비 오는 날 밤 커피 향 같은 그리움들이
삐죽삐죽 얼굴을 내민다

아침부터 꽃향기에 취해 비틀거리는
오월의 하늘을
담장 위에 붙들어 놓고

언젠가는 돌아오리라
첩첩 가슴에 숨어 있던 기다림들이
무더기 무더기 꽃을 피워낸다

하늘이 붉은 파문으로 흔들리고
참새 한 마리 가지에 앉아
햇볕 사이로 흩어지는 장미의
가슴 뛰는 소리 듣는다

그것과 같습니다

흔들리지 않는 풀잎은 없습니다
풀잎은 흔들리며 자랍니다
당신의 사랑도
당신의 미움도
그것과 같습니다

고추바람에 무시로 떨면서도
항상 그 자리
내 곁에 있는 당신의 모습
그것과 같습니다

흔들리며 바람을 사랑하고
흔들리며 꿈꾸고
흔들리며 꽃을 피웁니다

당신을 사랑하는 내 마음도
그것과 같습니다

안부를 묻다

장에 왔던 사람들이
썰물처럼 빠져나가버린
장터 여울목

굼벵이처럼
꿈틀꿈틀 하루를 접으시는 할머니
백 년 동거 약속 깨버린 치아 때문에
합죽이가 되어서도
세상살이는 언제나 맛있기만 하다고
주름 골 더 깊게 파며 웃어넘기더니

그래도 가끔은
집 떠난 홀씨들이 날려보낸 향기 손에 쥐고
햇살에 들뜬 풀꽃처럼
검버섯 그늘 속으로 물기 고이기도 하더니

언제부터인가 그 자리에
하나둘 바람들 모여들기 시작했다
늘 등받이가 되어 주었던 담벼락이
바람에게 할머니 안부를 묻고
또 묻는다

서로가 어깨를 기댈 때

들판에서 민들레를 채마밭에 옮겨 심었다 목마를까 어젯밤에 잘 잤을까 아침저녁으로 얼굴 익히고 보살폈다 잡풀들의 어린 싹이라도 보이면 얼른 뽑아버렸다

그런데 날이 갈수록 시름시름 말라갔고 결국은 땅에 눕고 말았다 살려보겠다고 응급실 의사처럼 부산을 떨었지만 차도가 없었다 3년 병치레에 효자 없다고, 죽고 사는 건 하늘에 달렸다고 나는 손을 놓고 말았다

아침 산책 겸 채마밭에 들렀더니 강아지풀, 질경이, 엉겅퀴, 쑥들이 제멋대로 키를 키웠고 그 속에서 민들레가 노란 꽃을 활짝 피우고 있었다

문제는 홀로 산다는 것이었다 세상은 더불어 살아야 한다고 하나에 하나를 더하면 둘이 아니라 열도 되고 스물도 되는 것이라고, 나는 그 앞에 쪼그리고 앉아 황금 단추처럼 빛나는 경전 한 권을 하루아침에 다 읽어 버렸다

늙은 검투사들

장기판이네 바둑판이네 윷판이네 하여도
으뜸인 것은
화투판이다
삯팔이 없는 겨울철 한때
고도리건 삼봉이건 민화투건
소일거리로 손 품 파는 놀음판
지리산 천왕봉 노목처럼 세상살이를 달관한 노친들도
투전판에는 빠질 수 없다고
사그라져가는 질화로의 불씨로 온몸을 달구며
마을 회관으로 모여든다

–요거시 겁나게 재미있당께
겨울에 촌에서 늙은이들이 뭔 헐 일이 있겄어
멍허니 집구석에 앙거 있어봐야 시간도 안 가고
요거시 젤이여
아따, 오늘 기리발 죽여주는고마
언능 돈 따서 재 너머 자갈논이라도 사야 쓰것다

바둑알이 돌고 도는 화투판에 어둠이 전깃불을 밝히면

화투 한 장 잘 깠으면 풍약이고 그럼 내가 이겼는디
세상사 잃기도 따기도 한다지만
그 아쉬운 맘 가슴마다 닫아걸고
집으로 돌아가는 털신들
어둠 속에 눈발이 하나둘
녹슨 어깨 위로 내려앉는다

김장

오메, 오메!
저 빨건 단풍 좀 보소!
산에 불붙은 것맹이로 빨허네!
김장 배추 씻다 말고 먼 산을 바라보며
허리 피던 어매
허리끈 풀어 제키며 감탄을 풀어 놓는다
몇십 년을 된장 다지듯 푹푹
속 다지고 살아왔지만
그래도 여자는 여자인지라
가을바람 따라 가고 싶은 몸속에 좀이 쑤신다
품앗이하던 아주매들 한소리씩 거든다
아따, 김장 퍼뜩해불고
우리도 단풍구경 한번 가불드라고잉
시방, 다 늙어갔고 뭔 소리당가?
뭐라꼬, 내 꼬라지가 어때서
아직도 시펄허당께
슬쩍 치마 자락을 걷어올린다
배추를 나르다 나는 픽 웃었다
어메, 저 작것 좀 봐라
뭐땜시 웃는다냐?

머시마 꼭대기라고 텍아리 밑에가 시컴시컴허네
고추양념 뒤집어쓴 배추도 뺄건 얼굴로
가을볕 아래서 키득거린다

겨울 산

눈 쌓인 소나무 가지
바람결에 후두둑
한 시름 내려놓는데

햇살더미 후비던 새
후다닥, 하늘 속 길을 연다

하늘과 산이 바스락거리며
서로 긴 손 뻗어 껴안는다

석류의 연애기

이제 속지 않겠다고
깃털 같은 손길에도 무너지지 않겠다고,
가끔 욱하고 되받아치는 그 되놈 성질에
주눅 들지 않겠다고 해마다
단단히 마음 다진다
바람은 언제나 실렁실렁 웃음으로 다가와
손등을 어루만지고 등을 쓸어내린다
어둠이 허공을 지우면
고양이 발끝으로 찾아와 코맹맹이 소리로 속삭인다
굳게 걸어 놓은 그녀의 철문 빗장은
또 한 번 맥없이 풀어지고
어머, 어머 얼굴 붉히다가
숯불 위에 오징어처럼 온몸이 비틀리며
그의 손길에 리듬을 탄다
올가실에도 그녀는 넉넉한 자식들을 매달 것이다
그리고 몸안에 수줍은 나이테 하나 새겨 넣을 것이다
다시는 달콤한 거짓말에 속지 않겠다고
수정 같은 속가슴 터뜨리어 보이며
산봉에 걸린 노을을 향해 눈 흘긴다

이유 없는 반항

노랗게 물든 은행나무 아래서
시들어 가는 들풀처럼 쪼그리고 앉아
담배를 입에 문다

열기가 한 풀 꺾인 햇살 너머로
은행잎은 추락하고
담배 연기는 허공과 몸을 섞는다

가지마다 영글어가는 열매들
잎새들 사이로 스치는 바람의 울음소리
또 한 개비의 담배꽁초를 손끝이 뜨겁게 비벼 끈다

내 가슴속에 흩어진 불발의 꽁초들
미완의 질문 위로 쌓이는 은행잎들
찌그러진 한 시절의 아픔 가슴을 덮는다

보리밭

산비탈에 겨우 자리 잡은 한 가족
오뉴월 햇살 아래
서로 까시락 비벼대며
익어 가고 있다

그 푸른 그림
물끄러미 바라보다
돌아서는 그림자
아버지의 굽은 등

파전

뒤집어 놓은 가마솥 뚜껑 위에 들기름이 칠해지고 밀가루를 뒤집어쓴 쪽파가 차례대로 솥뚜껑 위로 눕는다 밖엔 비가 추적추적 내리고 초가지붕 짚시락 물은 시나브로 방을 적시고 우리는 장작 타는 연기에 눈물을 찔끔거리면서도 빙 둘러앉아 이제나 저제나 어머니가 뒤집고 뒤집어 익힌 파전을 기다린다 고개 들고 넘겨보다 꾸지람을 듣기도 하지만 뭐가 그리 좋은지 싱글벙글 침을 잔뜩 삼킨다 기름내를 듬뿍 묻힌 채 정제를 빠져나간 구수한 연기는 온 동네를 배고프게 한다 입빠른 아줌마들 –고죽떡 무슨 남새여 비도 오고 쫄쫄헌디 만난 것 해먹응게벼–아 글씨 요놈들이 입 심심허다 안궁가벼, 그려서 적 몇 장 붙인 그만요. 후딱 와서 한 장 묵고 가이소.–괜찮여, 애들도 많은디 나 묵을 것까지 있것어–

밖에는 제법 굵어진 비가 후드득 살갑게 내리고 정제서는 지글지글 파전이 익어간다 아파트 창밖에는 잠비가 내린다 단풍나무는 꾸벅거리고 장미는 고개를 떨군 지 오래다 그 나른해진 시간 속에 옛 생각으로 파전을 붙인다면 아파트 전체가 기름내에 몸살을 앓겠지

경비실에 전화가 불나겠지 뉘 집에 잔치 돌아왔냐고
잃어버린 세월이 자꾸만 그리워지는 것은 나이 탓만은
아닐 것이다

겨울밤

보름달 속으로
기러기들 날아간다
자음들이 날아간다

장난꾸러기 어린것들 때문에
그 ㅅ자가 자꾸 흩어진다

앞서 가는 애비
올겨울 이 자음은 익혀야
고향 길 열린다고
꿰엑, 꿱-!

왜가리의 가을

왜가리 한 마리
강물 속을 오래오래 들여다본다

외로운 산 하나 소리 없이
물속에 들어와 앉는다

왜가리,
오랜 응시의 끝에
잽싸게 부리를 산속에 박아 넣는다

햇살과 바람으로
단잠에 빠져 있던 강
아픔에 비명도 못 지르고
몸만 뒤척이다 퍼렇게 멍이 든다

토사구팽兎死狗烹

그의 몸은 오늘도 나무에 목맨 채
오들오들 떨고 있었다

그의 의지와는 상관없이
이제는 세상의 그 어느 것도 담을 수 없는
불구의 검은 비닐봉지가

한때는
퇴근길에 황금붕어빵과 체온을 나누거나
조잘거리는 김밥들의 이야기로
가득 채워졌을 텐데

아침마다 번쩍거리는 구두로 대문을 나서지만
언제 빈 주머니로 돌아올지 모르는
노동과 금화 사이에서 날마다 찢기는 어깨 위로
창백한 초승달이 돋아난다

막차를 기다리는 사람들

자다가 벌떡 일어나 담배를 문다
마음은 쓰레기장이고
머릿속은 온통 거미줄로 얽혀 있다
분말 소화기처럼 터지려는 울분 눌러 잠그며
그것 참, 그것 참
손때 절은 방구석마다 눈길 아프고
퀴퀴한 흙냄새 코에 걸고 살아온 이곳,
선명하게 인쇄된 철거 기간 앞에 죄인이 된다
복부인 눈에 들지도 않고
투기꾼 혀끝에서 굴러 본 적도 없는
이 빠지고 금간 뚝배기 같은 이 땅에
떨어진 날벼락 혁신도시
진흙으로 다져진 정
함께 일궈온 봇도랑의 세월들을 두고
떠난다는 것
눈빛들은 서로 두려움에 외면하면서
돌아서서 흘리는 눈물 속으로
서서히 침몰해가는 동구 밖 키 큰 정자나무

왜가리의 강

성긴 눈발이

잿빛 하늘 속을 건너가는데

발목이 시린 너무 시린

늙은 왜가리 한 마리

가장자리부터 얼어드는 강물 속으로

긴 다리를 번갈아가며 넣었다 뺐다

저무는 생의 낮 한때, 강물도

두 발을 바다의 품속 깊이 밀어넣고 있었다

2부

울 엄마와 장모님

풍년꽃

당신은 하얗게 핀 벼꽃을 본 적이 있나요?
아카시아 꽃 같은 향기도 없고
비 맞은 병아리 모양 볼품도 없지만
티 없는 아기의 웃음꽃
우리 어메가 가장 좋아하던
밥이 되는 꽃
그 벼꽃을 본 적이 있나요?
빈 쌀독 긁는 바가지
그 배고픈 소리에
마음이 다급해져 노랗게 져버리는 꽃
양푼 밥에 묏등같이 불쑥 솟아오른 자식의 배
한 번 보는 것이 소원이라며
논배미에서 올해는 꼭 풍년들게 해달라고
빌고 빌었던 늙은 어메
다시는 못 볼 줄 알았는데
주말 농장에서
환한 웃음으로 뛰어 노는 아이들
바라보는 아내의 눈빛이
그 벼꽃을 꼭 닮았으니

아름다운 도전

무릎 수술을 마친 어메
비틀비틀 걸음마를 다시 배운다
기상대보다 먼저 비 오는 날을 콕 집어내는
족집게 같은 무릎으로
큰손자 녀석 싣고 동네 구경 시켜주었던
이제는 같이 늙어버린
유모차에 몸을 의탁하여 걷는다
절뚝절뚝 시나브로 콩밭으로 감자밭으로
자식들 화났거나 슬픈 눈가시를 뒤꼭지에 꽂은 채
모실을 간다
간혹 유모차의 걸음을 따라잡지 못해
넘어지기도 하지만
평생 가꾸고 지켜왔던 땅
다시 한 번 더 입 맞추고 싶어서
오늘도 옹알옹알 낯익은 옛길을 간다

당신의 이름

나는 당신의 얼굴을 모릅니다
그러나 나는 당신의 이름을 귀걸이처럼
달고 살았습니다
첫 기차를 타고 눈 내리는 들판을 지나
당신 곁으로 달려가고 싶습니다
그 세월이 벌써 소나무 둥치를 한 아름으로 키워냈습니다
해마다 마음속에 수련 꽃은 피어나고
마음은 멀미를 합니다
언젠가 꽃 지고 잎 시들면
그 시절을 그리워해야 한다는 것을 알기에
먼 산을 향하여 당신의 이름을 던져도 보았지만
이제는 메아리도 지쳐 돌아오지 않습니다
헝클어진 마음의 실타래를 풀려고 걷는 길
가장자리에 나무들이 등을 다독입니다
지금은 겨울이라 헐벗고 있지만
지구가 반 바퀴 공전하면 다시 싹을 틔울 것이라고
다시 수련도 얼굴을 내밀 것이라고
그럼 당신의 얼굴도 볼 수 있을 것이라고
듬성듬성 찾아오는 바람에게
당신의 주소를 가르쳐줍니다

노복老福

굽은 등에 아침을 지고
손수레에 의지하며 시장에 가는 할매
손수레에는 호박, 상추, 풋고추, 깻잎
시장 구경 설렘에 두 눈들이 또록또록하다
수레바퀴의 해소기에 잦은
기침 소리가 길바닥에 질퍽하게 눌러붙고
끌리며 땅을 내려치는 할매의 플라스틱 슬리퍼 소리에
오늘 장사 운을 풀어본다
'따닥 딱 소리 끊어지면 대통이고
찌직 찍 소리가 끌리면 애 먹는다고,
겅정 겅정 왜가리 걸음을 걷는다
해 다 기울도록 겨우 푸른 배추 이파리 서너 장
전대에 꾸기적거려 넣고는 빨리
영감 끼니 챙겨 주어야 한단다
그래야 영감이 좋다고 애 썼다고 이뻐하신다고
자식새끼들 이제 손에 흙 묻히지 말라고 하지만
늦게 배운 도둑질 재미에 첩 늙은 줄도 모른다고
돈 느는 재미 삼삼하고 영감과 금슬 좋으니
이보다 좋은 보험이 어디 있으랴

—영감, 내일은 고구마순 좀 갖다 팝시다—
—그려, 늘그막에 웬 돈 복이당가
저승길도 택시 타고 가겄구먼—

자벌레처럼

팔십 평생 저 앞산 소나무처럼
한 바위만 바라보고 살면서도
서로의 가슴을 향하여 창끝 한 번 겨눠 본 적이 없다는
TV 속 노부부
저 강물이 그랬을까?
한뿌리에서 자란 나뭇잎과 가지가 그럴 수 있었을까?
후미진 언덕 돌 틈에 핀 제비꽃을 보았다
그래! 저 꽃은 그럴지도 몰라
꽃 한 송이 피우기에도 버거웠을 테니까
꽃놀이 가는 노 부부 카메라 속에서
검버섯 활짝 피워내며
–뭣 땜시롱 그런 걸 물어 싼다요
밥 묵고 살기도 힘들었는디 싸울 시간이 어디 있었겄서
손사래 치며 느릿느릿 걷는 할아버지 뒤로
등 굽은 할머니가 자벌레처럼 따른다
사는 게 별건가?
허리 한 번 오므렸다 펴주면 그만인 것을
할머니 카메라 속에서 몸으로
정답을 보여준다

아리랑 고개

동네 공터 장구 소리 목청 드높이는 화전놀이판
단발머리 소녀가 운다
춤추며 노래하는 어메의 치맛자락 붙잡고
함께 원을 그리며

흰 저고리 검은 무명치마에 흙만 묻히며 살다가
남색치마 살구색 저고리를 입은 어메
바람도 없이 지는 진달래꽃길을 따라
혼자서 아리랑 고개를 넘는다

–태산보다 험한 이놈의 시상, 나 혼자 어떻게 살라꼬
뭔 놈의 죄를 지어 그렇게 혼자 가부렀소
가면 간다고 말이나 하고 가제
저 어린것들을 어떻게 허라고
원통혀 못 살겄네 원통혀서 못 살겄어–

아부지가 먼저 넘어가버린 고개
그 절망의 고개를
어매의 목울대가 넘어가고 있다
쏟아지는 울음에
끊어질 듯 끊어질 듯 노랫가락 붙잡고

가랑잎 이야기

사둔, 나 큰 병이 있대요 오늘 병원에 댕겨왔는디 의사 선상님이 아들헌테 사진 보여주며 큰 병이라고 허대요 나 밥 잘 묵고 잠 잘 자는디 뭔 소린지 모르겄어라 요새 어쩌다 배가 실실 아프기는 허지만 많이 아프지는 않는디 그먼 병원에 입원혀야 헌 거 아니어라 긍게요잉 근디 어디가 아파야 헌디 안 아픈 게 그냥 살아야지요 뭐 아들이 입원허자고 허는디 안 헌다고 했그만이라 요렇게 사지 멀쩡허고 밭도 매고 잘 걸어 댕기는디 뭐 땜시 입원허냐고 했그만요 근디 사둔 암이 뭣이당가요? 지도 잘 모르지만 몸속에 혹이 생긴 병이라허대요 글먼 그 혹도 내 것인 게 잘 모시고 있다가 갈 때 같이 데리고 가면 되겠네요 인자 살 만큼 살았응게 안 아프고 갔으면 좋겄는디 그럴랑가 모르겄어라 사둔은 사람이 존게 그럴 그만요 사둔이랑 이렇게 한집에서 상게 심심허지 않고 좋은디 우리 오래 오래 함께 살아라잉 그려라 그나저나 큰 병이랑게 걱정이그먼요 걱정 말어라 그렇게 후딱 가겄어라 다 지 명대로 살다가 가겄지라 날도 존디 텃밭에나 가봇기라 그려라 갑시다 내일이면 팔십 고개에서 구십 산마루를 바라보는 장모님과 문틈 새로 치매기가 들락거리는 어매가 자리를 털고 일어난다

시들지 않는 꽃

무료주차장 화단에
철쭉보다 더 붉게 피어 있는 꽃

야! 곱다

출근길에 지나쳤던 그 꽃
한동안 잊었는데
철쭉꽃이 모두 시들어버린 꽃밭 가운데서
홀로 허리를 세우고 있다

햇볕에 야위고 색깔은 변했어도
꽃은 꽃이다
버려진 붉은 조화

바람 앞에 선 어미 새처럼
결코,
시들지 않는 꽃
생화보다 더 생화 같은 꽃
내 가슴속으로 들어와 환하게 웃고 있다

묵은 간장이 맛있어야!

울 엄마 아직 귀 안 잡쐈고 이빨 짱짱헌게 내가 해 준 대로 투정 안 부리고 잘 잡수고 잠 잘 잔께 내가 효자 소리 듣는 거여 귀먹어 못 알아듣고 이빨 빠져 밥 투정부리면 아무리 잘헌다 혀도 효자 소리 못 들은 당께 그려서 울 엄마가 참말로 좋당께 고대로 잘 묵고 잘 자고 안 아프고 돌아가셨으면 좋겄는디 어쩔랑가 모르겠어라 효자 소리 아무나 듣는 건 아니지만 자식이 잘 혀서 효자 소리 듣기도 허겄지만 어메가 잘허면 저절로 효자 소리 듣게 덴당게 그럴려면 어매가 건강해야 되지라 부모 삼 년 병치레에 효자 없단 소릴 못 들어봤능가 어떤 자석이 불효허고 싶겄어라 자석이 아무리 잘헌다 혀도 어매와 싸우는 소리 배깥으로 새나가면 넘들이 부모헌테 못헌다고 입방아 찧고 손가락질 해대고 눈 흘겨불제 그렇께 어매가 잘혀면 자석은 절로 효자가 되는 것이여 요즘 시상에 돈 때문에 씨끌사끌 허지만 그것은 쌀 속에 뉘 같은 것이고 부모 살아생전에 괴기 한 번이라도 더 해주고 싶은 게 자석 맘인기라 늙으면 죽어야 한다는 소리만 안 나오게 혀도 그게 큰 효도인기라 날도 추운디 어매 방 따슨가 보러 가야겠그만이라

우화羽化를 꿈꾸며

해묵은 된장처럼 구수한 입담으로
사람들 배꼽을 빠지게 만들거나
눈물을 훔치게 하던 우리 어메

여름 긴 장마철이 지난 뒤
된장찌개는 구수한 맛이 빠져나가고
시큼한 냄새가 피어나기 시작했다

우리 어메
사거리 점멸등이 되기도 하고
코흘리개 명찰을 달고
가끔은 미아보호소에서 잠들기도 하면서

이제 더 이상 걸어 갈 수 없는
이 세상에 마침표를 찍고
다시 우화를 꿈꾸면서
한 생을 고스란히 고치 속에 묻어야 할 시간,
가을볕이 차갑다

저승길 닦기

다 늙어갔고 살며는 얼매나 살것다고 그냥 그러려니 하고 살면 되지 뭐 헌다고 교해 댕기고 절에 간다냐 하고 느그들 나헌테 머라고 헐랑가 모르겠지만 나 천당 가고 극락 갈라고 헝거 아니여 그냥 공덕 쌀라고 댕기는 거지 그라고 나 죽을 때 무섬 안 주고 편하게 뎃고 가라고 가는 거여 그려야 자석들 고상 안 시키제 그것보담도 느그들이 아무리 환갑을 세었다고 해도 에미 눈엔 물가에 내놓은 애들로밖에 안 보여 그려서 자석들 건강허고 밥 잘 묵고 잘살게 해달라고 하느님 부처님 천지신명이시여 부르며 느그들 위해 빌러 가는 것이여 내일이 12월 초사날이구먼 머시기 할매 절간에 또 갔겄구먼 제작년에 차사고로 다리 빙신이 된 둘째 자석 살려달라고 그 꾸부정한 허리로 넙죽넙죽 절허고 손바닥이 발바닥 되도록 포리처럼 빌겄구먼 늙은이들 사는 게 다 그려 자석 위해 살고 자석 위해 죽고 그게 부모랑 거여 요새 시상에 앙근다 혀도 즈그들도 부모 되보라지 앙근가 부모 맴은 너나나나 똑같은 거시여

철없는 꽃

어? 꽃이 피었네
길가 화단에

안방 벽에 걸린 달력은 11월인데
철쭉꽃 한 송이 피어 있네
아기 꽃망울까지 데리고

꽃잎은 찬바람에 마르고
엄마 손처럼 까칠한데도
흩어진 초겨울 햇살 끌어 모아
추운 몸을 데운다

아! 너도
요양원에 계신 우리 할머니처럼
철이 없구나 사철이 꽃철이구나

보물지도

시방까지 살아오면서 남자헌테 한 번도 펜지 한나 받아 본 적이 없었는디 오늘 첨으로 남자헌테 펜지 한나 받았당께 그것도 막내 사우헌테 말이여 오늘이 내 생일인디 생일상도 걸판지게 차려주고 펜지꺼지 주더라고 오래 상 게 별것을 다 받아보구 너무 기분이 좋더라고 머라고 썼냐허면 딸 낳아주셔서 고맙고 앞으로 어무이 잘모실 텡게 자석처럼 생각혀고 맘 편하게 같이 살아요 그렇게 썼더라고 우리 사우 생긴 것도 잘생겼지만 맘이 비단결이랑께 넘들은 사우 어려워 어떻게 사냐고 허지만 자석보다 더 정이 가고 편하당께라 그 펜지 넘 몰래 얼매나 읽었는지 몰러 하도 펴고 접고 혀서 접힌 곳이 해질 정도랑께 어디 가든 자랑 많이 헌당게 우리 사우가 생일날 펜지 줬다고 그럼 그런 사우도 다 있는가벼잉 칭찬이 자자혀불구만이라 오늘도 꺼내 읽고 곱게 접어 조만치 속에 넣면서 사우 감사혀 속으로 한마디 헌당께라

엄마의 고추밭

적벽대전,
화염이 삼키고 간 조조의 군영처럼
탄저병이 휩쓸고 간 고추밭

달리기를 멈추지 않는 호박 덩굴
밭 가득
꽃을 피우기 시작했다

올가실엔
복뎅이 호박이나 몇 덩이씩
올려 보내야쓰겄다

주름투성이가 되어버린 울 엄마의 고추밭
애호박들이 하나둘
마음의 주름을 펴고 있다

신 노후설계

노인정에 할매들 치매 예방헌답시고 민화투를 치는디 시상의 단맛 쓴맛 다 본 닭똥집 같은 입으로 비비새처럼 쉼 없이 조잘거린다 시방은 돈이 있어야 헌데 그려야 자석들헌테 대접받제 빈 조만치만 차고 있으면 이리 채이고 저리 채이고 개만도 못 헌 천덕꾸러기 된디아 그렇개 있으면 꼬감 빼주댔끼 자석들헌테다 다 빼주지 말고 악착같이 갖고 있다가 시상 버릴 때 주어야 헌다고 돈 없으면 빈 벌집인 줄 알고 아무도 들여다보지도 않지만 꿀 남새가 쬐끔이라도 난가 싶으면 허다못해 쬐깐 아파트라도 갖고 있으면 시앙쥐 지집 드나들대끼 뻔질나게 드나든단 말이여 옛날엔 자식이 노후대책이었는디 시방은 죽으나 사나 신사임당이 최고인 거여 돈에서 효자 나고 효부 난다고 할매들 한숨이 한 바가지다 인자는 머니 머니 혀도 돈이 최곤기라

택배

자슥들이 열이면 머 헌다요 핵교 댕기고 출세허면 머 헌다요 즈그 밥 묵고 살기도 바쁘고 즈그 새끼 갈치고 살기도 쎄 빠진 시상인디 그래도 내 살붙이라고 자슥들 잘되기를 바라고 그 꼴 볼라고 사는디 잘사는 꼴 봤으면 좋컸어라

나이 등께 왜 그리 손지가 보고 싶은지 그런디 어디 맘대로 갈 수가 있어야지 손지들은 날 보면 코 쥐어막고 뭔 냄새가 난다냐 허니 안아 볼 수도 없지라 큰자슥 집에 가면 나만 자슥이다요 여기서 쬐끔 저기서 쬐끔 계시다 오쇼잉 작은자슥 집에 가면 내는 큰아들이 아닝께 쪼까만 쉬었다가쇼잉

고픈 배 움켜쥐고 옷도 꾸메 입고 또가리에 머리가 빠지도록 이어 날라 갈쳐농께 인자는 즈그가 잘나 그렇게 됐다고 안 허요 오래 산 내가 죄인이제 개들이 먼 죄가 있다요 먼저 간 영감이 부럽제 이꼴 저꼴 안 보고 갔승께 큰 복이제 논 밭떼기 집 팔아 다주어 불고 조만치에 돈 떨어진께 이리 가라 저리 가라 안 허요

노인정에 가보면 다 잘난 자슥들 뒀고 모다 효자 효부랑께 내도 속이 썩어 뭉그러져도 자슥들이 다 잘 헌다고 허제 그래갔고 노인정에 정 붙일만 허면 또 딴 자슥 집으로 가제 맨나 왔다리 갔다리허제 그러다 보믄 죽을 날이 있겄제 글고 봉께 오늘이 석 달째구먼 내일이면 택배장시가 오겄구먼 이번엔 부산에 있는 셋째네 집으로 간다요 개들도 애 마니 쓰제 석 달 동안 참고 살랑께 짐도 싸야 허고 챙길 것이 많응께 이따 봅시다잉

고추밭 매는 여인

머릿수건 한 장으로 햇빛에 맞선다
품삯은커녕 돼지고기 한 근도 잘라올 수 없는 고추밭
다 늙어 무슨 농사냐며 편히 살라고 객지 자식들 봉급 잘라
통장에 넣어주지만

세끼 입에 풀칠이야 못하겠냐마는 멀뚱멀뚱 쳐다보는 손주 녀석들
소 지라처럼 옭아맨 주머니 속에서 퍼런 배추 이파리라도 한 장씩 꺼내줘야
할머니 품으로 안겨 붙을 테니

갈수록 세상은 사막, 자꾸 목이 마른다
배운 도둑질 이뿐인 걸, 이 매운 고추 맛이,
에미의 마음인 걸
놀면 뼈마디가 쑤신다지만 사실은 통장 돈 축 날까
사래 긴 세월에 호미질만 더 해댄다

왜, 눈시울은 자꾸 붉어지는가?

살아생전에 사이비 약장수 굿판이 동네에 들어오면 하루도 거르지 않고 직심으로 날마다 약장수 출근부에 도장 찍고 화장지에 설탕 낼름낼름 잘 받아 챙기며 방 한구석에 탑 쌓는 재미도 쏠쏠했지만 날마다 피곤하다며 밤늦게 돌아온 자식 모습이 눈에 걸린 어미 장롱 깊이 묻어두었던 쌈짓돈 풀어

봄 소녀처럼 자식 약상자 들고 집에 돌아온 어머니께
그 자식들 사기꾼이요, 어무이
돈 있으면 맛난 거나 사잡수제,
누가 그런 가짜 약을 먹는다요,

왜 그랬을까?
왜 그랬을까! 통곡하는 상주를 보며

흰 국화꽃에 둘러싸여 빙그레 웃는 얼굴
괜찮다,
괜찮아,

도리깨질을 하면서

허공에서 원을 그리다가 마당에 널어놓은 콩 다발을 향하여
내리꽂히는 도리깨질에 콩들이 돌 틈 사이로, 풀숲으로 튀어
들어가 숨바꼭질을 하잔다

어머니의 손에서 도리깨는 부드럽게 공중으로 솟구쳤다가
땅을 내리칠 적마다 콩꼬투리가 입을 쩍쩍 벌리고 사방으로
콩들이 튕겨져 나갔다
나도 팔을 걷어붙였다

도리깨를 하늘 높이 들어올려 힘껏 콩 다발을 향하여 내리쳤지만
도리깨는 반원도 그리지 못한 채 땅에 덜푸덕 곤두박질만 칠 뿐
닫힌 콩꼬투리의 입을 열지 못하였다

나는 손바닥에 침을 묻히며 도리깨가 안 좋은가, 왜

안 되지? 헛손질만 해대고 있었다 콩을 쓸어담던 어머니는

　－힘만 가지고는 안 되는 것이다－ 빙긋 웃으셨다

묵은 생강의 시샘

—나이 들면 죽어야 혀—
그 한마디를 짚고
꼬부랑 고개를 넘어가고 있는 과천댁

빵덕어멈도, 길동이네 할미도 다달이 노령연금 탄다고
양쪽 볼에 알사탕이 불뚝한데
큰아들이 어머니 이름으로 사놓은 아파트 한 채 때문에
과천댁은 멸치 대가리 하나 얻어먹을 수가 없단다

동사무소에 가서 아들 것이라고 오리발 닭발 다 내밀어봤지만
뉘집 개가 짓느냐인데
—니 거면 니 앞으로 혀야지, 왜 내 앞으로 혀 갖고……—

저녁도 뜨는 둥 마는 둥
콧바람 쌩쌩 당신 방으로 가버린다
묵은 생강의 매운 시샘이 코를 찌른다

떠도는 눈[雪]

장모님과 아내의 밀고 당기는 말다툼이 한창이다

큰며느리가 프라이팬에서
노련한 솜씨로 지지고 볶아 내놓는 구박
맛있는 척 덥석덥석 받아먹지 못하고
괴나리봇짐 앞세우고 딸네 집에 온 지 어언 열두 달

오늘도 노인정에서 돌아와
먼저 보낸 영감이 부러워 부러워
촉촉이 젖은 눈가에

있을 데가 있어야 헌디
귀에 딱지 앉은 그 소리
왜?
노친네들이 또 딸네 집은 안 된데?
딸은 자식 아닌감?

아내는 같이 살자고 떼를 쓰고
장모님은 사위 보기 미안하여 트집을 잡고

채송화 꽃이 필 때면

창밖에 쏟아지는 봄빛처럼
누나라는 말 참 정겹지요
내게는 눈물 속 이름이지만

동네 아이들과 싸우고 돌아온
눈물 범벅된 동생을 씻기며 같이 울다
생선 장사 나간 홀엄니 기다리다
달빛 속에 채송화 꽃처럼 잠들곤 하던

장독 위에 물 한 그릇 떠놓고
자식 잘되게 해달라고
밤마다 손 모으던 어머니 가슴에 그녀는
잿불처럼 타는 눈물을 남기고 말았지요

해마다 어김없는 채송화 꽃 철이면
키 작은 계집아이
어머니 발밑에서 몰래 피었다 가는지
아범아, 어젯밤에 니 누나 왔었는데

올리 사랑

날마다 새벽길을 더듬어
폐지를 줍던
깡마른 어머니의 손

언제부터인가
새하얗게 눈꽃 내린 당신의 머리카락은
벌건 대낮에도 길을 잃는다

예전에 당신이 내게 그랬듯이
삭정이가 된 몸을 씻겨드리면서

소나무에 학처럼 사시기를 바랐던 마음이
바람 앞에 촛불처럼 흔들리면서
어젯밤 과음한 속내로 쓰려온다

* 올리 사랑-내리 사랑의 반대말

귀가 밝은 달맞이꽃

모두 더위에 지쳤나 보다
뒤안 대숲에 별빛도 들지 않고
마실 나간 바람도 돌아오지 않고

늙은 호롱불 아래
늘 목이 잠긴 밥상 앞에서는

– 진지 많이 드세요
– 댁은 뉘셔?
– 밥. 많. 이. 잡. 수. 시. 라. 고. 요

밥 한 술
눈물 두 숟갈
어둠 속에서 부딪치는 목소리

돌담장 옆에 달맞이꽃
아들과 어머니가 떠 주는 이야기
귀 기울여 다 받아먹는다

사랑이 구리다

길 가는 사람들 모두
구린내에 코를 싸매지만
은행나무 아래 쪼그리고 앉아
은행 열매를 열심히 줍고 있는 두 여인

남남으로 만난 마음의 모서리가 서로
부딪치기도 했겠지만
이제는 흰머리에 주름살까지 함께 닮아가며
구린내를 풍기는 저 고부간

깊으면 깊을수록
은행 열매처럼
냄새 나는 사랑도 있는 것일까

비닐봉투에 그득그득 담으며
소곤소곤 쑥덕쑥덕 덤으로 웃음도 한 바가지
질기고 질긴 힘줄 같은 것들이
가을볕에서 곰삭고 있다

힘겨루기

끼니때마다 밥숟가락을
들었다 놓았다
또 놓았다 들었다

이제는 세월의 무게를 들어올릴
힘이 없는지
젊은 적 시장 통 양푼 밥에 넉살 좋던
그 입맛이 사라졌는지

평생을 돌콩처럼
단단하게 사셨던
어머니

오늘 저녁도 모자는 서로 바라보며
한 숟갈만 더, 한 숟갈만 더
힘겨루기가 한창이다

올무

아들 한나 나서 맥이고 입히고 핵교 갈치고 장개 보낸 데까지 돈이 얼매나 들까?
어매 아비의 얼굴을 파먹은 주름살과 깡마른 팔다리를 보면 알랑가?

소 팔고 다랑이논 팔고 집 팔아 아들 녀석 다 주어버리고 죽을 때까지
자식 집에 얹혀 살면 며칠이나 살까?
번들거리는 아들 얼굴의 개기름과 남산 맹키로 솟구친 뱃살을 보면 안다

논산댁은 다랭이논 팔아 큰아들 집으로 찾아갔고
남철이 하나*씨는 집 팔아 작은아들 집으로 들어간다

* 할아버지

어매 짬밥

우리 어매 출근할 때마다 등에 대고 차 조심해라 한눈 팔지 말고 운전 잘하거라잉, 내 나이 낼 모레면 육십인데 지금도 앞가르마를 타준다 능구렁이 담 넘듯 예, 예, 이젠 잘 헝께, 걱정허지 않아도 된당께요

어매 마음 달래 놓고 차 시동을 거는데 앞 유리창에 파리 한 마리 붙어 있다 파리를 날려 보내려고 속력을 내는데 파리는 납작 엎드려 더 힘껏 앞 유리창을 껴안았다 니가 이기나 네가 이기나 해보것다 이거시여? 창밖으로 풍경이 쉭! 쉭! 지나간다 파리는 날개만 바람에 부르르 떨 뿐 거머리처럼 떨어지지 않는다

저 고집 좀 봐라, 그려 좋다이거여 나도 고집이 있응께 속도계를 슬그머니 올리는데 멀대처럼 서서 졸고 있던 무인카메라가 번쩍 눈을 떴다 감는다 아차! 멀리서 들려오는 어매의 목소리 차 조심허고 한눈 팔지 말그라잉! 짬밥은 거저 묵는 것이 아니었다

아름다운 동거

우리 안사둔 참말로 좋은 사람이었제 청춘에 사별하고 아들 한나 믿고 평생을 살았지만 늘 얼굴에 함박꽃을 달고 살았제 나보다 먼저 세상 버렸지만 그런 사둔은 없제 나 사우 여섯을 보았지만 이렇게 좋은 사둔은 못봤당게라 안사둔 먼저 보내 불고 사우 집에 나 혼자 살잔게 미안허고 죄 짓는 것 메이여 만난 것 있으면 꼭 날 찾아 같이 묵고 노인정에도 같이 가고 넘들이사 사둔끼리 어떻게 살어 허지만 우린 자매 맹키롱 살았제 내가 감기라도 걸린 양이면 같이 아파허고 자식 땜에 속상허면 같이 울고 흉보고 맞장구로 위안삼아 주었는디 가불고 낭게 자꾸 보고 싶은 거여 홀애비 심정 과부가 안다고 두 늙은 과부끼리 오순도순 깨볶으며 살았는디 난 먼 죄가 많아 이렇게 모진 목숨 끌고 가는지 모르겠어라 사둔은 존 사람인게 좋은 나라 가서 잘 살 거그만요 요새 눈물 조만치가 터졌는지 자꾸만 눈물이 고인당게라

산은 언제나 따뜻하다

하늘받이 지리산 산골로
스물한 살 제비꽃 나이에
전주에서 시집 왔제

우리 어매, 아배 해필 요런 산중에다
날 줬어

밤마다 소쩍새 울어쌌제
일을 몬 헌께
시어매한테 맨날 된소리 듣제
정재에서 부지깽이 들고 우는 것이 일이었제

인자는 일 잘허제, 죽을 때 된 게 일 잘허제

이마 주름 아래 깊은 옹달샘
땀 젖은 옷소매로 씨익 닦아내고

어부이날 몬 왔다고 우리 딸년이 낼 온다요,
나 디다보러 온다요

하루해가 산기슭을 넘어가고
가자가자 집으로 가자
풀벌레 길 열어 발길 재촉한다

3부

아내와 나

그 여인, 화려한 음모를 꿈꾸다

베란다에 꽃 화분을 배열해놓고
꽃들을 자식처럼 돌보는 기쁨으로 산다 아내는
봄부터 겨울까지 철따라
입맛 따라 피어나는 꽃들의 재롱 앞에서
항상 얼굴에 웃음을 달고 다닌다
채송화, 봉선화, 패랭이꽃보다
혀를 구부리고 부드럽게 굴려야 부를 수 있는
저 먼 나라에서 건너온
스파티 필룸, 셀륨, 네오레겔리아—
한참 입을 오므리고 펴며 더듬거리고서야
겨우 입술에 붙는 까다로운 이름들
그 낯선 꽃 이름들을
그녀의 작은 입술은 잘도 불러댄다
그 비호 아래 마음껏 식구를 늘려간 그들은
이젠 베란다가 좁다고
주인마님의 옆구리를 자꾸 찔러댄다
토요일 저녁 드라마를 보면서 아내는 기지개 켜듯
거실 바닥에 벼락 하나 슬쩍 떨어뜨려놓는다
— 왜 이렇게 가슴이 답답하다냐
아파트가 너무 작아서 그런가!—

우리 엄마 뿔나다

초콜릿으로 양각된
I Love You
쉰다섯 번째 초에 불이 붙었다

아이들의 생일 축가 속에
노랑나비 한 마리 앉은
장미 꽃다발을 받아든 아내는
장미보다 더 수줍은 꽃이 되었다

순간,
개나리꽃 터지듯 아이들 박수 소리 사이로
팔순 시어머니의 눈꼬리가
슬쩍 치켜 올라갔다가 내려왔다고
눈치 9단인 아내가 문자를 보냈다

그날 저녁
승용차에 보물섬으로 꼭꼭 숨겨두었던
나의 희망 비자금
노모의 나이 숫자로 채워진 꽃다발과 맞바꾸었다

미끼

대리 운전비를 지불하고
뱃속에 든 술의 무게에 주저앉고 싶은 다리
겨우겨우 추슬러 세우며
더듬더듬 초인종을 누른다
부스스한 파마머리
한입 가득 하품을 물고 나온 아내의 얼굴
눈 똥그랗고 입 툭 튀어나온
오늘도 어제와 같은 잘 구워진 붕어빵이다
퇴근 가방 빼앗아 몇 대 등짝을 갈겨대는
코리아의 아줌마 성깔
위아래층 취침 중이라 지그시 어금니를 문다
내일 아침이면 귀가 말, 말 ,말에 고문당하겠지
이제는 늘어질 때도 됐으련만 갈수록
깔깔해진 리바이벌 바가지 송 테이프
귀찮은 마음에 일단 꼬리는 내리지만
아내의 등 뒤에서 슬그머니 목에 힘준다
자기 통장으로 덩굴째 굴러 들어가는 나의 땀 값
그 미끼에 평생 코가 꿰어버린 여인
능구렁이는 오늘도 힘겹게 담을 넘는다

아내는 지금 통화중

장맛비에 갇힌 날들 온몸이 근질거린다
앞니 사이로 빠져나온 하품이
유리창 빗물에 종일 씻겨 내릴 때
두꺼비처럼 협탁에 웅크리고 있던 전화가 울린다

105동 새댁이 숨죽인 목소리로 들춰낸
아래층 칠면조 아줌마 처녀 적 남자 편력에
어머, 어머, 어쩜, 어쩜, 맞장구치다가
꿀꺽, 마른침을 삼킨다

잡동사니 동네 기사거리들이 전선을 타고
속속 택배로 도착하고
가십거리들을 과식한 여인의 배는
소문의 늪이 되어 수초들이 무성하게 자라나기 시작한다

온종일 좀 쑤시던 레이더망에 걸려든 빅뉴스들
휴대폰에 저장된 새로운 전화번호를 향하여
번개처럼 문 밖으로 달려 나가고
비틀즈의 레잇비의 리듬에 잠긴 레스토랑에서 제비

꽃처럼
　그녀와 만찬을 즐기려던
　한 남자의 붉은 와인 빛 꿈이 무참히 깨뜨려져 버린다

　－고객이 통화 중이오니 잠시 후 다시 걸어 주시기 바랍니다－

꽃 가꾸듯이

잠 안 올 때는 발 마사지가 최고라며
열대야에 잠 못 들고 뒤척거리는
아내의 발을 주무른다

창으로 스며드는 달빛 아래
환해진 아내의 발바닥
발 두덩에 가파른 등고선 밑으로
실개천이 숨죽여 흐르고 있다

지구를 돌리던 뒤꿈치는 굳은살이 박혀 있고
거울 앞에 한 번도 선보인 적 없는 발바닥은
올망졸망 가난한 식솔들을 거느리고
부끄러운 듯이 꼼지락거리고 있었다

간지럽다고 픽, 아내의 웃음이 솜털 같다
주무를수록 스펀지처럼 부드러워지는 발바닥
수은주를 끌어올리던 여름밤은
나의 손가락 끝에서 무장해제되고

아름다운 눈물

연애 시절엔 비싼 스테이크도 남기던 개미허리,
아이들이 남겨 놓은 밥 한 숟갈 한 숟갈에
사십대의 모과허리가 되어버렸어도
그녀의 콧노래는 오늘도
허공을 가득 채우고 넘친다
은행 문지방 닳도록 넘고 넘어 장만한
35평 아파트
아직 냉장고, 침대는 들여놓지 못했지만
양쪽 뺨엔 붉은 장미꽃이 만발이다
베란다 유리창을 닦다가
5층에서 내려다본 거리의 풍경이
그래 오월이구나! 싱그럽다
나비 꽁무니를 쫓아 가보니
생마늘처럼 속을 아리게 했던
한 사내의 작고 낡은 손지갑이,
모른 척 귓등으로 흘려보내버렸던
아이들의 통닭, 피자 부르는 소리가
구름 위로 둥둥 떠가고 있다
아직은 은행 도장이 꽝! 찍혀 있는 아파트지만
그녀는 자꾸 뿌예지는 유리창을 닦고 또 닦는다
입김 호호 불어가면서

연리지

흑백 사진 같은 연탄 배달집이 아직도 거기에 있다
이 땡볕에도 문이 열려 있다
장사 안 된다 녹음기처럼 되풀이하면서도
어김없이 문을 열어 놓고 있다
오늘은 운수 좋은 날
공원 아래 포장마차에서 백 장 띠어갔단다
글고 낱장으로 좀 팔았단다
깔끄막길에서 밀어주고 잡아주고
검댕이 묻은 얼굴로 서로 바라보며 웃는다
—임자, 고생 많았제?
—고생이라뇨. 영감이 더 힘들었제
땡볕에 얼음물 같은 말 한마디
시상 부러울 게 없다
그를 기다려주는 사람들 있어
언제나 그 자리에 서 있는 느티나무
올겨울도 골목 안이 따뜻할 것이다

잔치는 끝나지 않았다

설 대목장 바쁜 햇살 아래
깊어진 아버지 입가의 주름들
언제부터인가 나보다 뒤쳐진 걸음
나이의 무게가 이제는 버거워졌나 보다
백 살까지 살겠다고
산을 타고 게이트볼 장에서 땀을 흘리시더니
시간을 따라 잡기에 이제 지쳤나 보다
마음은 십 리 길을 달려가고 있는데
몸은 고추잠자리처럼 제자리를 맴돌고 있다고
이제야 혼잣말로 속내를 드러낸다

나는 릴레이 달리기 바통을 이어받은 선수처럼
명절 장을 보는 아버지가 되어
저 산등선을 타고 환한 웃음으로 달려오는
내 작은 아이들을 위해
과자를 고르고
이것저것 아버지의 입맛을 바구니에 담는다
그들의 입맛이 살아있는 한
우리의 잔칫상은 끝나지 않는다

눈치

선달 그믐날 밤
아내는 떡가래를 썰고
나는 가래떡을 먹는다

어린 날들의 추억을 뚝, 뚝, 베어 먹다
꿀에 찍어 쪽쪽 빨아 본다
식어버린 냄비 가슴이 화끈 달아오른다

거친 세월에 몸통은 기름기 빠져 까칠한데
앞에 앉은 명자꽃 아롱아롱
모처럼 삭정이에 불이 붙는데

늙었어도 아직 눈치 9단인 아내의 말
한마디가 찬물을 끼얹는다
－거, 무슨 짓이래요, 애들 있는디－

가난한 사랑 이야기

눈 덮인 겨울 산처럼
아침 밥 속에 숨겨져 있는
계란 프라이 하나

마주 앉은 새끼 눈치 보며
고개 푹 숙이고
김칫국물 떠다가
뒤적뒤적 비빔밥을 만든다

계란 흔적이 남을까
과연 새끼보다 내가 먼저일까
얼른
숭늉까지 부어 헹궈 마신다

밥상을 물리는 아내의 주름진 눈가에
설핏,
부끄러운 듯
초승달이 떴다 진다

흥부! 날 새부렀네

봄이 댕께 겨우내 못 묵고 헐벗었어도 새복이면 꿈틀꿈틀 솟구치는

지리산 정기를 쏟아내지 못하고 밤마다 끙끙대는 흥부.

새끼들이 열둘이라, 한 타스를 다 채웠는데도 모자란지 바느질품에

빨래품에 심신이 노작근하야 잠이 별빛 멩키롱 쏟아지는

마누라 곁에서 수작질을 하는디,

이봐, 마누라, 임자 덕에 이 몸 이렇게 밥 잘 묵고 썽썽허요.

그런디 나는 임자에게 해줄 금은보화도 없고 있는 것이라고는 몸뗑이뿐이라 몸 품앗이라도 해주고 싶은디 어쩌허면 좋겄소.

놀부 성님네 자식 없어 양아들 하나 보내 불면 또 하나가 비고 허니 기둥 하나 더 세우면 안 되겄소.

오늘 새복에도 산신령님이 다녀가셨는디 지리산 정기를 풀지 못 허면 객사헌다고 허니 나야 임자 생각고 참아 불면 고만이지만 혹시 임자 과부될까 시퍼 걱정

이오. 어쩌겠소. 나 살고 임자 좋고 또랑치고 까제 잡고 궁시렁 궁시렁 흥부 수작질이 홍시처럼 익어 가는디, 열두 놈 중에 한 놈이 벌떡 일어나며 -아부지 나 오즘 마려라, 무성께 같이 가요. 와르르 공든 탑 무너지는 소리, -이 작것이 때가 어느 땐데, 니놈은 눈치도 없냐? 어쩌끄나 어쩌 자식 놈도 웬수, 새복마다 찾아오는 작것도 웬수, 탄식하는 흥부네 처마 밑 제비 둥지에서는 사랑놀음이 한창인디 어쩌끄나 어쩌 흥부 날 새부렀네-잉

발 닦아주는 여자

홧김에 쏘아대는 내 기관총 세례에
송송 구멍 뚫린 앞치마
그 상처를 두르고 머리 희끗하도록 함께 살았다
손바닥 맞부딪치며
서로 노려보면서 피 흘리며
또 그렇게 삐걱거리며 살았다
깃털에 윤기 나고 날갯짓 힘 있을 땐
이꽃 저꽃 기웃대며 희희낙락거리다가
된서리에 헐거워진 날개 움츠리고
슬그머니 밀창 열고 들어온 낯 두꺼운
내 발 말없이 닦아주고서,
그녀는 밤새 앞치마를 기우고
날 세운 말의 얼음 조각들 입김으로 녹인다
거울 속에서 웃고 있는 주름 꽃
오늘 아침도 활짝 피우며 마른침을 삼킨다

가로등과 자전거

고달프고 가파르게
붙어 사는 다닥집 오르막길
밤마다 굽어진 등으로
땅 한 평, 어둠 한 평
움켜쥐고 서 있는 가로등

언제부터인가
그의 해진 가슴에 기대어
함께 늙어가고 있는 자전거

초저녁부터 동틀 때까지
둘이서 나누는 침묵의 긴 이야기

이제는 눈빛만으로
삐걱이는 관절 소리만으로도
서로의 세월을 읽는다

어둠이 사라지는 시간
그 어둑새벽 앞에
낡아가는 두 마음
희끗희끗 서로를 꼭! 닮았다

애정의 돌탑

고추밭 위로 고추잠자리가 난다
밭 매러 가는 어머니 따라갔다가
누이와 밭두렁에 앉아
—저 잠자리는 암컷일 거야
—아니야 수놈일 거야
옥신각신
칠월의 한나절 보내었더니

이제는 아내와 TV 앞에서
—저건 남자가 잘못한 거야
—아니야, 저것은 여자가 잘못한 거야

티격과 태격,
그 사이로
나이 배는 불러오고
눈가에 주름 꽃이 가득 피어도

남자는 성질머리로
여자는 성깔로
오늘도 궁시렁 궁시렁

봄동

–봄똥 사요. 봄똥
봄똥 사시오. 봄똥
리어카 채소 아줌마가 외치는 소리

–엄마, 봄똥이 뭐야?
–응, 봄이 오면
밭에 뿌리는 똥을 봄똥이라 한다

누워서 TV 보고 있던 나는
터지려는 목련의 주둥이를 꽉 움켜쥐고
킥킥거렸다

밭으로 논으로
장군통 지고 다니시던 아부지
저 소리 듣고 하마 웃으실까?

희망의 계절

벚꽃이 허벌나게 피어버린 봄날 아침
시암 길 가상에서
낑낑거리고 있는 것들이 있었으니
큰 애기씨들 낯바닥이 붉어진 채로
끽끽거리며 후닥닥 지나가다가 또 한 번 뒤돌아보고
워메, 저 작것들이 시방 뭔 짓을 헝거여?
들 가던 아주매들 낄낄거리고
짓궂은 아새끼들 돌멩이 던지니
후딱 도망도 못 가고
여덟 다리로 비실비실 게걸음으로
빌빌대는 저 꼬락서니하곤
아무리 몸땡이가 시킨다고 해도
봄날 아침부터 저게 무슨 꼴이당가
냅둬라, 냅둬 지게 지고 가는 아재비
아새끼들 나무란다
봄밤! 만물이 용솟음치는 그 밤
왜 그런다요 뭔일 있소
아까부터 왜 차꼬 옆꾸리를 찔벅거렸쌌소
머시냐 궁금혀서 그려어
아침에 그 거시기들 밤에는 뭐하고 아침부터 저런

디야?

아 그야 밤에는 집지키니라 먼 헐 시간이 있겄어라

그렁가?

임자 씨잘대기 없는 소리 그만허고 잠이나 잡시다잉

그날 밤은 벚꽃들이 유난히 많이 졌다

설경화雪景花

쏘가리 매운탕을 먹으면서 식당 벽에 비스듬히 걸려 있는 눈 쌓인 냇가에서 한 사내가 여인을 업고 냇물을 바라보고 있는 한 폭의 설경화에 귀 기울여본다

이 영감이 왜 이런디야 넘들이 보면 어쩔라고 넘들이 보면 어쩌간디 우리가 무신 나쁜 짓거리라도 헌데 임자 발에 물 안 묻히게코롬 업고 내 건너간다는데 누가 뭐라 헐 것이여 그려도 그래라 어떻게 여자가 남정네 등에 두꺼비 맨키롱 날름 올라탄다요 그것이 어쩌간디 올라타면 안 된디아 밤에만 올라타란 법 있간디 이제껏 임자 한 번 안 업어 봤응게 냇물 핑계되고 업어볼라고 그런디 무신 말이 그리 많다냐 아직도 내 등 짱짱헌게 이참에 내 등 한 번 타보랑게 그려도 넘들이 보면 요상허다 헌당게 걱정도 팔자여 내가 임자 한 번 업어주고 싶어서 그려 임자는 애기들 다 업어 키웠잖혀 얼매나 힘 들어겄어 그려서 인자 내가 임자 업어 키울려고 그려 밥 숟가락이라도 들 힘 있을 때 업어보고 싶어 그먼 딱 한 번만이요잉 그려 안 떨어지게 내 모가지 꽉 잡고 가랭이로 내 허리 꽉 조여야되잉

그림 속 냇물도 한숨을 몰아쉬며 소리 내어 흘러가기 시작했다

등나무 아래서 곤장을 맞다

엄처시하, 온 동네 소문을 쫙 뿌리며
턱수염이 허예지도록 함께 살아왔으면서도
지금도 혼자서는 밤이 무섭다는
김씨 영감님 노부부처럼
동네 모정 앞 두 그루 등나무
꽈배기처럼 두 몸을 꼰 채 한평생

동네 아낙들 그 나무 그늘 아래 궁둥이 붙이고
한참을 바라보다가
얼마나 궁합이 좋으면 저렇게 찰떡같이 붙어살꼬

붉은 입술연지들이 한마디씩 거들다
오늘도 자벌레처럼 세상 주변머리나 재고 다니는 남편들보다
어느 여자 연예인의 서방님 자랑에
솔깃 귀 세워 맞장구치며
어쩌면, 어쩌면,

급기야,
남편들의 묵은 껍데기들을 한 꺼풀씩 벗기기 시작

했고
　조목조목 지은 죄 코에 걸고 귀에 걸어
　곤장을 치기 시작했다
　우리의 자벌레들 멋모르고 매 맞았으니
　왜 이리 허리가 욱신거리냐고

옹녀 휴게소에서

뱃속이 만원이다
명기라고 입소문 난 그녀의 집
칙간 앞에는 꽉 차버린 오물통들을 비워내기 위하여
사람들이 줄지어 서 있다
눈은 먼 산 이마를 석상처럼 바라보고 있지만
손은 몸의 중심부를 맴돌고 있다
들끓는 침묵으로 차례를 기다리고 있다
누구는 빠르게 결말을 짓고 돌아서지만
어떤 이는 한참 뜸을 들이다가
겨우 과녁에 도장을 찍고 쑥스러운 듯
몸을 부르르 떤다
나는 넙치의 눈으로 좌우를 살피다가
젊은 아이 뒤에 줄을 만든다
폭포수처럼 힘차게 내리꽂히는 것도 있지만
처마 끝 빗방울처럼 뚝뚝 떨어지는 것도 있다
나는 그 중간,
졸졸거리며 흘러내리는 도랑물 소리
그곳에 아직 세월에 밀리지 않은
한 남자의 자부심을 겨우 만난 것이다
가로수들의 자세가 엉거주춤 또한 그러하니
저들의 속사정은 내 알 바 아니지만

7월 한낮

매미들이 울어싼다
아부지는 자식들이 짠해
후딱 커서 집 기둥 되라고 울고
참매미도 울고 말매미도 울고
개구쟁이 오빠도
칭얼대던 동생도 따라서 운다
다랭이논에 김을 매며
어매 아배 뜨겅게 쉬었다 하라고
목 아프도록 울어싼다
우리사 괜찮다 울지 말그라
느그나 더위 먹지 말고 그늘진 거기서
꼼짝허지 말고 있그라잉
햇볕에 탄 아부지 얼굴 속에
이빨이 볍씨처럼 간조로미 웃는다
손사래가 산그늘을 부른다

그 남자에 그 여자 그리고 사람들

공사판에서 잔뼈가 굵어진
꽃님이 아부지
사람 좋아하고 술 좋아하고
고향 생각나면 노래 한 곡 구성지게 뽑으며
눈물 찔끔거린다

시장 통 난전으로 겨우 제 밥벌이하는
꽃님이 어무이
억척이다고 시장 바닥에 소문
쫙 깔렸지만
변소길 어두운 홀시엄니 손발이 되어주는

그 여자와 그 남자
이틀 건너 하루씩 티격태격
총알 없는 화약내만 가득하다
남들 아들 자랑에 속상하다고
단칸방 살림에 딸 하나면 어떠냐고

시장 사람들 아들 하나 낳으라고 할라치면 꽃님이 어무이 입이 툭,

하늘을 봐야 별을 따지
공사장 사내들
어이 박씨 아들 언제 봐야지? 보채면
뒷머리 긁적긁적 연못이 있어야 별을 떨구지라

골목 안 사람들
싱글벙글 유치원에서 돌아오는 꽃님이 붙잡고
머슴애 동생 터 팔으라고
달콤한 과자가 한 보따리다

참외 꽃

가을 배추밭 이랑에
노란 꽃이 피었다

여름 텃밭에 버려졌던 참외 씨앗
철없는 아이의 불장난처럼
꽃을 피워낸 것이다

어둠은 무섭고
또 가을은 무슨 색일까 궁금하고
그래서 슬쩍 얼굴 한번 내밀었을 뿐인데

햇살은 기특한지 볼에 입을 맞추고
들녘으로 달려가던 바람이 신통한지
가만가만 흔들어보고 간다

별 닮은 작은 꽃
열매까지 등에 짊어지고
덩굴손 허공에 길을 만들며
배추의 몸을 기어오르고 있었다

—오메, 이거 언제 커서 묵는다냐?
어머니의 혀 짧은 소리에
—그거, 몬 묵어요 거름이나 해요
꽃은 그저 벙긋거리기만 한다

여왕의 남자

주여,
저를 시험에 들지 말게 하소서 올해도
가뭄에 단비를 기다리는 마음으로
두 손을 모읍니다
그녀의 웃음 흰 치아에 이끌려
덥석 미끼를 물고
첫날밤을 치른 나는
해마다 두 번의 시험에 드옵니다
장모님이 하늘을 열어 그녀에게 첫 울음을 준 날과
장인어른이 그녀의 남은 인생을 통째로
나에게 무이자로 예탁시켜 버린 날 이후
시험 때마다 나는 너무나 버거웠습니다
장미꽃 한 송이라도
선물받을 사람 얼굴 마음에 그리면서
손수 고르는 게 진정한 가치라는 말,
쇠못이 되어 귀에 박혀버렸습니다
며칠 밤 어둠을 쥐어짜며
발품 팔아 고르고 골라 두 손으로 갖다 바치면
–얼마 주고 샀어?–
비싸다는 것인지

싸다는 것인지
고개 숙인 남자의 고개 한 번 더 꺾으시니
주여, 지금도 헷갈리고 있사옵나이다
갈대숲을 헤집는 저 강짜바람 진정 언제쯤 멈출는지요

역전의 9회 말

폭탄주에 폐허가 되어버린 혀에서
가출해버린 입맛
아침 밥상 앞에서
다시는 안 마시겠다고 수없이 찢겨진
금주의 단어를 주워 맞추는데
–먹기 싫으면 먹지 말아요,
나는 힘들게 장만했는데–
한솥밥에 숟가락 담그며 산 지 어언 십수년
9회 초까진 삼진 아웃, 내야 땅볼로 고분고분 잘 따라주더니
9회 말, 투 아웃에 터지는 홈런성 바가지 긁는 소리
술병 난 게 어디 하루이틀인가?
납덩이 눈꺼풀을 치켜뜨다가
올빼미 눈썹 아내 앞에서
굴레수염의 위력이 사라지는 순간이었다
부창부수婦唱夫隨의
역전된 가족사가 쓰여지는 순간이었다
거친 소리로 닫히는 안방 문짝을 향하여
내가 뭘 그렇게 잘못했는데?
삼진 아웃을 향해 희아리 고추의 온 힘으로
강속구를 던져보지만

설거지를 하면서

저녁 식사를 마친 식탁 위엔
그릇들이 어지럽다
안방 TV에서는 드라마가 한창 진행 중이다
잘 다듬은 눈물과 웃음에 취해
아내는 그 앞에 암탉처럼 쭈그리고 앉아
가상의 세계 속으로 한없이 가라앉는다
닦아 놓은 그릇에서 뽀드득 소리가 반짝인다
뽀드득 뽀드득 서로 등 밀어주며 함께 살자는데
세상은 자꾸 저 혼자 겉돌아간다
오늘 저녁도
그녀의 노곤한 행복을 위하여
나는 설거지를 한다
가끔은 나도 떠돌이 별처럼
궤도를 벗어나고 싶을 때가 있는데

상추를 심다

채마밭에 상추를 심는다
먹성 좋아 비만으로 늘 헉헉거리는
막내 녀석과 함께

퇴비를 깔고 흙을 파 뒤집고
쇠스랑으로 두렁을 만들고
저 작은 씨앗 속에서 생명이 태어나는 경이로움이
나 신비,
상추가 자라나는 과정을 관찰하는 것이 아니라
씨앗이 눈을 뜨고 어서 자라서
이파리가 손바닥만 해지면

숯불 피워
삼겹살 파티를 열자고
살과의 전쟁을 선포한 아내의 눈을 피해
부자간의 눈빛이 은밀히 오고 간다

격화소양隔靴搔癢

동네 약국에 사정사정
비아그라 몇 알 구했다
등 돌리고 자는 아내의 주린 허기
장미꽃 다발로 빵빵하게 채워주겠다고
착각을 한입에 털어 넣고
느긋하게 토요 드라마 끝나기를 기다리며
과녁의 거리를 재고 바람 길을 살피며
화살을 장전했다
어둠의 능선에서 웃고 있는
배롱나무, 꽃의 중심을 향하여 활을 겨누는데
먹구름 속 번개 가슴을 뚫는다
딴 때는 코 골고 잘도 자드니만
오늘따라 왜 이렇게 보챈다냐?
내 몸에 다달이 오시는 손님 들었응께
퍼뜩 가서 잠이나 주무시소잉!

아부지의 변증법

오메!
청바지 멩키로 찔길 것 같던 내 청춘
다 끝나부렁는게 비여
동장군
그까짓 것쯤이야
아랫배에 힘 퍽 주고 씨름 해댔는데
언제부터 내가 왜 이러제
이것이 아닌디
소매 끄트머리로 삐쭉 고개 내민 내복을 보며
챙피한 생각이 팍 들어부렀제
시시껄렁하게 사내새끼들이 내복 입은 것 갖고
늙어부렁능갑다 자존심 쌈질 헌게 엊그제 같은디
언제 청춘은 강물 멩키롱 흘러가부렀당가
빤츠에 바지 하나 달랑 걸치고 살던 때가 좋다고
유세할 일도 아니랑께
잠지 얼지 않고 따뜻하게 다독거리는 게 최고인 거여
남이사 뭐라께도
정든 님 가슴에 품듯 따수면 그만이제
강남 갔던 제비가 성님 나 왔소 할 때까지
입어야 쓰것소

달구새끼가 맨발로 다닌다고 발 안 시럽것소
신발이 없응께 안 신고 다닌 게지, 뭐
안 그런다요?

불면

고추밭이 마냥 붉었다
고추 따던 수다쟁이 옆집 아줌마
−고것 참 실하게도 생겼다. 고놈의 탄저병만 아니었으면
올가실에도 돈 좀 할 것인디
살이 올라 탱글탱글한 빨간 고추
귀엽고 탐스러운지 자꾸 매만지다
혼자 중얼거린다
−고놈의 영감탱이는 뭔 놈의 술을 고로께 먹어싼는지
맨날 곤드레만드레 취해서
잠만 퍼질러 자니
죽 써서 개나 줄 것이제

여름 열기 가시고 따뜻한 구들이 그리운 밤
달빛 너무 밝아 잠 못 드는데
그 아저씨는 오늘도 주막에서
지금은 희나리*가 되어버린,
맵고 아린 고추의 젊은 날을 안주 삼아
밤을 지우고 있겠지

여자 나이 오십을 넘으면

쥐 한 마리 싱크대 호스를 뚫고
집 안으로 침입했다

이방인이 방안을 휘젓고 다니는 것도 모르고
우리들은 쩝쩝거리며 식사를 했고
두터운 어둠을 덮고 잠이 들었다

그 놈은 밤이면 느긋하게 출근하여
음식으로 배를 채우고
신트림으로 이 구석 저 구석 산책을 하며
제집인양 거들먹거렸다

그러던 어느 날
바퀴벌레도 맨손으로 때려눕히는
나이 오십 아줌마의 레이다망에 걸리고 말았으니
쥐와의 전쟁을 선전포고하였다
아내는 또 한 편의 화약 연기 가득한
전쟁사를 써내려 갈 것이다

쉰 고개

달빛이 환하게 핀 오월의 밤
술기운에 바라보니 들국화 같기도
바람에 해롱거리는 벚꽃 같기도 한
이불 속의 여인
자꾸 사내 옆구리를 꾹꾹 찔러댄다

술 먹은 속 거북하여 등 돌리는데
넘들은 술 묵으면 열꽃 피어 그냥 못 잔단디
당신은 소금 먹은 오이지 맹키롱 시들시들하니
됐소 됐소 퍼뜩 잠이나 자불소
술독에 빠진 불기둥이 먼 힘알태기가 있겄소
내사 밤마다 생과부 아닌기요

여자 나이 이때쯤이면
한 달에 한 번밖에 피지 않던 붉은 수수꽃도
대문을 닫아버린다지만
가끔은 난로 위 물주전자처럼 끓어오르고
싶을 때도 있다는 것을

한이불 속에서 맞방귀 뀌며 함께 살아온 수십 년

그 눈치 하나 못 챌까
남자도 그 나이면
밤마다 하늘 높이 날아오르는 부엉이 꿈만 꾸는,
사실은 바람 빠진 고무풍선인 것을

어긋난 진실

오십 고개를 가쁘게 올라선
숨 돌릴 짬도 없이 다시
육십 능선을 향해 줄달음치는
동창 모임이 있던 저녁

단단하게 옥죄고 있던 허리의 포승줄을 풀어내고
축 늘어진 뱃가죽 속으로
흑돼지 한 마리 질겅질겅 집어넣고

색 바랜 벽에 메뉴판
요강도 단숨에
깨뜨릴 수 있는 오줌발을 선사한다는 복분자酒
그 검붉은 힘으로
잠들어 있는 불기둥을 일으켜 세워보자고
내장이 새빨개지도록 들이키고

철퍽철퍽 비틀 걸음으로
집 안에 들어섰는데
그만,
달을 기다리다 잠든 얼굴 뽀얀 박꽃 곁에 가보지도

못하고
밤새 화장실에서 우렛소리와 함께 어우러져 놀아나고 말았으니

가을의 뒤뜰

하늘이 물고 있는 붉은 사과 하나
뜰에 날리는 국화꽃잎 하나
그리고 풀잎 그림자로 부서지는 햇살

사람들 쉽게 입을 연다
풍요로운 계절이라고

그 계절의 그늘에는
여름을 달구었던 매미들의 울음이 있고
허공에 산화한 벚꽃들이 있다

풍요의 뒤편에는 저렇듯
벙어리 사랑이 있었음을

가을볕

유리창 너머로 부신 가을볕을 보고 있는데
서걱서걱 가슴 밖으로 걸어나오는
나의 어린 시절 한 토막

밀린 숙제로 벌서느라 늦게야
터덕터덕 집으로 돌아오는 길
언제나 반겨주던 누렁이 꼬리도
들판으로 아부지 따라 나가고
두엄자리 허비던 닭들
멀뚱멀뚱 나를 바라본다

허리에 묶인 책보를
툇마루에 휙, 내던지고
혼자서 된장찌개에 꽁보리밥
게 눈 감추듯 먹어치우고

－고놈, 핵교 댕기기가 힘들었능 갑다－
아부지 품에서 잠을 깨곤 하였는데
나는 어느 사이에 잊어버리고 살았다
뜨거운 바위의 품
아버지의 그 가슴까지

■ 작품해설

따뜻하고 화창한 눈빛으로 보는 풍경화 몇 점

최정주(소설가)

하지연 시인의 시를 읽으면서 시란 무엇이며 시의 품격은 무엇인가에 대하여 새삼 고뇌하는 시간을 가질 수 있었다. 또한 누군가 이름을 불러주지 않아도 한 송이 꽃이며 한 그루의 나무들이 충분한 의미를 가질 수 있음을 알았다.

하지연 시인의 시를 읽는 동안 가슴이 따뜻해졌다.

세상을 덮고 있는 우중충한 빛깔보다 밝고 화창한 빛을 만날 수 있었다.

물론 시인이 눈으로 보고 가슴으로 새겨 온몸으로 토해내는 가슴 절절한 이야기들이다.

1. 버릴 수 없는 풍경들, 혹은 따뜻한 시선

부처님 눈에는 부처님만 보인다고 했던가? 하지연 시인의 눈에는 모든 사물이 다 의미있게 보인다. 보통 사람이라면 무심히 보아 넘길 하찮은 지렁이의 꿈틀거림조차도 '자믄 잘 자냐 바은 마니 뭉냐 정강혀라' 같은 어머니의 정이 담긴 편지글씨로 보이기도 하고, 길바닥에 자라는 질경이의 짓밟힘은 할머니나 어머니, 혹은 모진 세월을 살아가는 이웃집 억척이 아지매로 보이는 것이다.

꽃 화분들로 점령당해버린 베란다
한쪽 구석진 자리에
햇볕을 쬐고 있는 대나무 소쿠리

낡고 해져 버려질 만도 한데
햇빛이 가득 담긴 그 작은 대소쿠리 안엔
고추밭이 있고 콩밭이 있고
깨밭이 있다

가을엔 고추며 콩이며 소쿠리에 가득 담아
그것들을 조만치 조만치 자식 손에 쥐어 주던
엄니의 생

지금은 어느 낯선 들녘에서 바람이 되었을까

소쿠리는 밤마다 엄니를 닮으려고
대나무 마디마디 하나씩 풀어내는데

화분에 물 줄 때마다
마주치는 너를 보며
어찌할까, 어찌할까
하늘 한 번 쳐다보고 너 한 번 바라본다

— 〈버릴 수 없는 풍경〉 전문 인용

시인의 눈빛이 따뜻하지 않다면 결코 발견해낼 수 없는 정 담긴 모습이 아닌가. 하지연 시인은 화려한 꽃을 피우는 화분들 사이에 볼품없이 자리만 잡고 있는 낡은 대나무 소쿠리에서 고추와 콩과 깨가 자라던 어머니의 밭을, 어머니의 모습을 그려내고 있다. 아니, 어머니를 그리워하고 있다. 어머니를 추억할 수 있는 낡은 대소쿠리이기에 차마 버리지 못하고 화분 사이에 그리움처럼 모셔두고 있는 것이다. 하지연 시인의 따뜻한 눈길은 '봄엔 이불 빨래 통이 되고, 여름에는 아이들의 목간통이 되어 주었던' 테두리 한쪽이 떨어져 나간 고무함박에도 머물고, 시인의 귀는 얼지 말라고 조금 열어놓은 수도꼭지에서 떨어지는 물소리에서 아미타불 경소리를 듣기도 한다.

통기타의 리듬에 젊음을 실어 보내며

꿈을 키워주던 검정 학생모

정상으로 내달리며
피가 끓어오르던 등산모

마라톤 풀코스를 완주한 기쁨에
가슴 뿌듯했던 중절모

이제 내다보니
세상과 작별 인사를 나눌 삼베 두건이
놀 바람에 빳빳하게 각을 세우고 있다

– 〈모자에 대하여〉 전문 인용

낡고 하찮은 것들 앞에서 하지연 시인은 살아온 세월을 반추하며 그리움을 키우고 정을 익혀 간다. 처음 태어날 때는 아름다운 황금빛이었으나, 세월의 때가 녹으로 슬어 천덕꾸러기가 된 놋그릇을 놓고는 녹을 닦으며 참음과 고통의 세월을 닦았던 할머니나 어머니들의 빛났던 삶을 한 줄기 빛으로 승화시킨다. 나뭇가지에 걸려 바람에 펄럭이고 있는 버려진 비닐봉지 앞에서도 시인의 눈은 황금붕어빵이나 김밥을 채웠던 빛나던 시절을 본다. 제1부 '시 한 편'의 시들은 젊은 날의 풋사랑, 혹은 꽃 이야기 몇 편을 제외하면 대부분이 버려지고 잊혀진 것들을 꺼내어 들여다보며 그리움을 주제로 하여 그린 의미 있는 풍경화들이다.

가슴이 따뜻해지는 이야기들이다.

2. 한 남자와 두 여자가 그려내는 풍경화, 혹은 사모곡

나이 든 여자, 할머니들한테는 넋두리가 많다. 유모차를 지팡이 삼아 밀고 가면서 담벼락 밑에 무심히 피어 있는 초라한 꽃 한 송이에도 '날씨도 춘디 멀라고 피었냐'랄지 '비가 안 와서 니가 목이 마르것다'같은 혼잣말을 쏟아놓는다. 그만큼 정이 많고 외롭다는 뜻일 것이다. 그런데 그 혼잣말, 혹은 넋두리를 가만히 들어보면 모두가 시가 된다.

무릎 수술을 마친 어메
비틀비틀 걸음마를 다시 배운다
기상대보다 먼저 비 오는 날을 콕 집어내는
족집게 같은 무릎으로
큰손자 녀석 싣고 동네 구경 시켜주었던
이제는 같이 늙어버린
유모차에 몸을 의탁하여 걷는다
절뚝절뚝 시나브로 콩밭으로 감자밭으로
자식들 화났거나 슬픈 눈가시를 뒤꼭지에 꽂은 채
모실을 간다

간혹 유모차의 걸음을 따라잡지 못해
넘어지기도 하지만
평생 가꾸고 지켜왔던 땅
다시 한 번 더 입 맞추고 싶어서
오늘도 옹알옹알 낯익은 옛길을 간다

– 〈아름다운 도전〉 전문 인용

어린 손자를 태우고 걸었을 길을 함께 늙어가는 유모차를 지팡이 삼아 밀고 가는 어머니의 모습을 바라보는 시인의 눈길이 얼마나 따뜻하고 애잔하며 안타까운가. 가다가 넘어지는 것조차도 평생을 가꾸고 지켜왔던 땅과 다시 한 번 입맞춤하기 위해서라고 시인은 노래한다. 어린 손자가 햇살을 보며, 길가에 핀 꽃을 보며, 혹은 쌩쌩 달려가는 자동차를 보며 '눈이 부시다'거나 '예쁘다'거나 '무섭다'고 옹알거렸을 그 옹알거림을 흉내 내는 늙은 어머니의 옹알거림을 잘 받아 적는다.

하지연의 시집 제2부 '울 엄마와 장모님'은 어머니와 장모님께 바치는 사모곡으로 채워져 있다. 내 어머니와 아내의 어머니를 함께 모시고 살면서 두 어머니의 일상사를 보고 듣고 느끼면서 화가가 풍경화를 그리듯 그려내고 있다.

사둔, 나 큰 병이 있대요 오늘 병원에 댕겨왔는디
의사 선상님이 아들헌테 사진 보여주며 큰 병이라고

허대요 나 밥 잘 묵고 잠 잘 자는디 뭔 소린지 모르겄어라 요새 어쩌다 배가 실실 아프기는 허지만 많이 아프지는 않는디 그먼 병원에 입원혀야 헌 거 아니어라 긍게요잉 근디 어디가 아파야 헌디 안 아픈 게 그냥 살아야지요 뭐 아들이 입원허자고 허는디 안 헌다고 했그만이라 요렇게 사지 멀쩡허고 밭도 매고 잘 걸어댕기는디 뭐 땜시 입원허냐고 했그만요 근디 사둔 암이 뭣이당가요? 지도 잘 모르지만 몸속에 혹이 생긴 병이라허대요 글먼 그 혹도 내 것인 게 잘 모시고 있다가 갈 때 같이 데리고 가면 되겄네요 인자 살 만큼 살았응께 안 아프고 갔으면 좋겄는디 그럴랑가 모르겄어라 사둔은 사람이 존께 그럴 그만요 사둔이랑 이렇게 한 집에서 상게 심심허지 않고 좋은디 우리 오래오래 함께 살아라잉 그려라 그나저나 큰 병이랑께 걱정이그먼요 걱정 말어라 그렇게 후딱 가겄어라 다 지 명대로 살다가 가겄지라 날도 존디 텃밭에나 가봇기라 그려라 갑시다

내일이면 팔십 고개에서 구십 산마루를 바라보는 장모님과 문틈 새로 치매기가 들락거리는 어매가 자리를 털고 일어난다

— 〈가랑잎 이야기〉 전문 인용

두 어머니가 그려내는 풍경화를 시인은 그냥 바라보고 그냥 듣고만 있어도 한 편의 시가 되지 않은가? 그래서 시인에게는 두 어머니의 모습이 '시들지 않는

꽃, 생화보다 더 생화 같은 꽃' 쇠락한 조화마저도 가슴으로 맞아들여 환하게 피워내고 있는 것이다. 그런 시인의 귀는 '태산보다 험한 놈의 시상, 나 혼자 어떻게 살라꼬 뭔 놈의 죄를 지어 그렇게 혼자 가부렀소. 가면 간다고 말이나 허고 가제 저 어린것들을 어떻게 허라고 원통혀 못 살겄네 원통혀서 못 살겄어'하는 어머니의 넋두리를 듣기도 하고, 평생 처음으로 사위한테 편지를 받은 장모님이 '오늘이 내 생일인디 생일상도 걸판지게 차려주고 펜지꺼지 주더라고 오래 상 게 별것을 다 받아보구 너무 기분이 좋더라고 머라고 썼냐허면 딸 낳아주셔서 고맙고 앞으로 어무이 잘 모실텡깨 자석처럼 생각허고 맘 편허게 같이 살아요 그렇게 썼더라고 우리 사우 생긴 것도 잘생겼지만 맘이 비단결이랑깨 넘들은 사우 어려워 어떻게 사냐고 허지만 자석보다 더 정이 가고 편허당깨라'하고 노인정에서 이웃들에게 자랑하고 있는 장모님의 모습에서는 저절로 웃음이 피어난다. 그 편지 한 통이 얼마나 고마웠으면 읽고 또 읽어 보물지도처럼 닳고 닳았을까.

그래서 아름다운 동거인 것이다. 안사돈끼리 오순도순 서로 의지하며 살아가는 모습도 아름답고, 생일날 편지를 전해준 사위의 마음도 아름답고, 친정어머니를 모시고 살면서 시어머니를 친정어머니처럼 극진히 모시며 사는 시인의 아내도 아름다운 것이다.

하지연 시인의 '울 엄마와 장모님'을 그린 풍경화는

삼십육 점 오 도짜리 사람의 체온처럼 정겹고 따뜻하다.

3. 아옹다옹 살아가는 한 남자와 한 여자 이야기

잠 안 올 때는 발 마사지가 최고라며
열대야에 잠 못 들고 뒤척거리는
아내의 발을 주무른다

창으로 스며드는 달빛 아래
환해진 아내의 발바닥
발 두덩에 가파른 등고선 밑으로
실개천이 숨죽여 흐르고 있다

지구를 돌리던 뒤꿈치는 굳은살이 박혀 있고
거울 앞에 한 번도 선보인 적 없는 발바닥은
올망졸망 가난한 식솔들을 거느리고
부끄러운 듯이 꼼지락거리고 있었다

간지럽다고 픽, 아내의 웃음이 솜털 같다
주무를수록 스펀지처럼 부드러워지는 발바닥
수은주를 끌어올리던 여름밤은
나의 손가락 끝에서 무장해제되고

– 〈꽃 가꾸듯이〉 전문 인용

한 남자와 한 여자가 결혼이라는 이름으로 만나 알

콩달콩 살아가는 모습을 그린 '아내와 나'에는 함께 나이 들어가는 중년 부부의 모습이 아름답게 그려져 있다. 아니, 아름답다라는 추상어로 표현해내기 힘든 가슴 찡한 이야기들이 서리서리 피어나고 있다. 아파트 베란다는 물론 거실까지 밀고 들어온 화분들을 아내의 음모라고 여기면서도 가끔은 아내의 발을 씻겨주는 시인의 모습은 또 얼마나 다정다감한가. 시인의 그런 다정이 '아침 밥 속에 숨겨져 있는 계란 프라이 하나'를 불러들이기도 하고 어쩌다 벌인 말다툼에서 말의 화살에 구멍 뚫린 앞치마를 기우며 머리 희끗하도록 살아온 아내가 슬며시 시인의 발을 씻겨주며 말의 얼음조각을 입김으로 녹이는 모습은 시인이기에 그려낼 수 있는 풍경화인 것이다.

홧김에 쏘아대는 내 기관총 세례에
송송 구멍 뚫린 앞치마
그 상처를 두르고 머리 희끗하도록 함께 살았다
손바닥 맞부딪치며
서로 노려보면서 피 흘리며
또 그렇게 삐걱거리며 살았다
깃털에 윤기 나고 날갯짓 힘 있을 땐
이꽃 저꽃 기웃대며 희희낙락거리다가
된서리에 헐거워진 날개 움츠리고
슬그머니 밀창 열고 들어온 낯 두꺼운
내 발 말없이 닦아주고서,

그녀는 밤새 앞치마를 기우고
날 세운 말의 얼음 조각들 입김으로 녹인다
거울 속에서 웃고 있는 주름 꽃
오늘 아침도 활짝 피우며 마른침을 삼킨다

– 〈발 닦아 주는 여자〉 전문 인용

가끔은 눈도 흘기고, 또 가끔은 말 화살도 날리면서 전쟁 아닌 전쟁을 치르면서 살아가는 시인 부부의 모습은 어느 집에서나 흔히 볼 수 있는 풍경화지만, 시인 부부의 모습이 예사롭지 않은 것은 '바퀴벌레도 맨손으로 때려눕히는 아내'의 주름살조차도 꽃으로 피워낼 줄 아는 시인의 눈이 있기 때문이다.

그런 사랑이 있기 때문이다.

하지연 시인의 '한 남자와 세 여자'에는 한 남자와 세 여자를 주인공으로 내세운 아기자기한 풍경화가 있다. 꽃을 주인공으로 내세운, 나무를 주인공으로 내세운, 혹은 산이나 들 강을 주인공으로 내세운 풍경화에는 이야기가 없지만, 하지연 시인의 한 남자와 세 여자에는 무궁무진한 이야기가 숨어 있다. 읽다 보면 저절로 웃음이 피어나는, 한 번 더 읽다 보면 가슴으로 잔잔한 강물이 흘러가는, 때로는 말의 화살이 되어 오감을 콕콕 쑤셔대는, 사람이 사람으로 살아가는 이야기가 들어 있다. 하지연 시인의 시에서 시의 품격을 발견한 것은 그려내는 풍경화의 색깔이, 언어들이 결코 저급하지 않기 때문이다.

하지연 시인은 사람을 주인공으로 내세운 풍경화 같은 시를 쓰는 시인이다.

하지연의 시에서는 꽃도 사람이 되고, 나무도 사람이 된다. 꽃을 그리면서도, 나무를 그리면서도 결국에는 사람이 주인공인 시가 되는 것이다.

그래서 하지연은 천상 시인이다.

하지연 시집

한 남자와 세 여자

인 쇄 / 2013년 11월 22일
발 행 / 2013년 11월 28일

저 자 / 하 지 연
발행인 / 서 정 환
발행처 / 신아출판사

출판등록 / 제465-1984-000004호
주 소 / 전주시 완산구 공북1길 16(태평동)
전 화 / (063) 275-4000 · 0484 · 6374
팩 스 / (063) 274-3131
E-mail / shina321@chol.com
sina321@hanmail.net

값 10,000원

ISBN 979-11-5605-027-8 03810

이 도서의 국립중앙도서관 출판시도서목록(CIP)은 서지정보유통지원시스템 홈페이지(http://seoji.nl.go.kr)와 국가자료공동목록시스템(http://www.nl.go.kr/kolisnet)에서 이용하실 수 있습니다.(CIP제어번호: CIP2013024696)